就想开家咖啡馆

李 强 著

科学出版社

北 京

内 容 简 介

本书浓缩了全新的咖啡馆经营理念,作者拥有十多年咖啡从业经验,对于咖啡馆创业和经营中的各种重点和难点问题有深刻的认识。本书首先梳理了四种不同类型的咖啡馆:以上岛咖啡为代表的复合式咖啡厅、以雕刻时光为代表的中型咖啡馆、以星巴克为代表的小型商务咖啡馆、以北京南锣鼓巷咖啡一条街为代表的个性小咖啡馆。本书还详细讲述了咖啡馆的选址、投资预算、产品定价、风格设计、咖啡师遴选、团队经营、环境氛围营造、咖啡馆营销等咖啡馆经营中的常见问题。最后,本书就咖啡馆创业和咖啡馆加盟孰优孰劣进行了详尽分析,并给读者提供了专业的建议。

本书适合有志于咖啡馆投资的"门外汉"以及苦恼于店铺管理的经营者与从业者,也适合所有爱咖啡的读者。

图书在版编目(CIP)数据

就想开家咖啡馆/李强著. —北京:科学出版社,2013
 ISBN 978-7-03-037287-1

I. ①就… II. ①李… III. ①咖啡馆-商业经营 IV. ①F719.3

中国版本图书馆CIP数据核字(2013)第072229号

责任编辑:方小丽 张 婷/责任校对:彭 涛
责任印制:张 倩 / 封面设计:姚 洁
编辑电话:010-6401 0679 /电子邮箱:fangxiaoli@mail.sciencep.com

科学出版社 出版
北京东黄城根北街16号
邮政编码:100717
http://www.sciencep.com

北京通州皇家印刷厂 印刷
科学出版社发行 各地新华书店经销

*

2013年5月第 一 版 开本:B5 (720×1000)
2014年8月第八次印刷 印张:14
字数:172 000

定价:39.80元
(如有印装质量问题,我社负责调换)

李强

  西餐咖啡策划专家，国际注册高级饭店培训师，美国认证国际酒店管理职业经理人，北京很多人的咖啡馆股东。

  中国旅游管理学院毕业，专修酒店管理，毕业后曾在香格里拉酒店、希尔顿酒店学习专业酒店管理，也曾在台湾王品台塑牛排工作过，近年多从事咖啡西餐品牌建设及服务行业的培训工作。从事酒店餐饮行业总历时 15 年时间，擅长酒店餐饮营运体系及培训体系建设，餐饮管理系统的优化与提升！

  自 2003 年进入连锁咖啡行业，从此一发而不可收，上岛咖啡、迪欧 / 米萝咖啡、天津外滩风尚咖啡、北京雕刻时光咖啡、北京红卡咖啡等多家国内外知名咖啡连锁公司的从业经历，让李强充分领略咖啡的魅力！从咖啡店的店长、区域经理、部门经理、品牌总监直至咖啡连锁公司的总经理，一路艰辛一路歌！曾经的咖啡从业者，体验过打工的辛苦；也曾自主创业开店，体验做老板的不易；再到与人合伙创立连锁咖啡品牌，经历企业从无到有的商战起伏。

2012 年，李强还参与创建了中国第一家多股东集资、多股东管理的"北京很多人的咖啡馆"，大胆尝试新时代形势下咖啡馆的经营变革。

如今写下本书，并立志与众多咖啡爱好者们分享其咖啡历程和经营咖啡馆的哲学。

新浪微博：@ 强李有道

二维码微博在线：

咖啡西餐投创咨询：alsomilo@126.com

前言

　　想写这部书已经很久了，几次起笔又落下，因为咖啡馆的经营的确是个费心思的事情。有朋友曾经说过：爱一个人就让他／她开家咖啡馆吧，同样，恨一个人也让他／她开家咖啡馆吧！意思也就是说，咖啡馆需要我们百分百地投入其中，尤其是要将感情投入其中。

　　作为一个行业的资深人士，从业超过15年，跟上百家大大小小的咖啡馆打交道，自己还投资过咖啡馆，也投资过咖啡馆的品牌连锁公司。看到那么多形形色色的人因为咖啡馆改变着各自的命运，我总想为他们做些什么，让那些跟我有同样志向、同样喜欢咖啡、喜欢咖啡馆投资的朋友们，轻松地经营一间属于自己的咖啡馆。

　　说起咖啡馆的经营，的确不是件简单的事情，行业里一名资深的朋友还放言：咖啡馆投资十家，七赔二平一赚！十家咖啡馆，只有一家是赚钱的？！这句话的确有些道理，但是也绝对是危言耸听。任何行业都有些必要的壁垒和门槛。突破了这些基本的壁垒和门槛，用心的、持续的经营，怎么会有不好的结局呢？这让我更加坚定：写部书能让更多人成功开家属于自己的咖啡馆！

　　市场上关于咖啡馆经营的书非常多，其中很多书还是我的同行朋友写的，他们都是我前进路上的老师，书中的内容也很丰富，对于我们从事咖啡馆事

业，有一定的帮助，于是我把所有与咖啡相关的书籍都买回来仔细阅读，放眼观瞧，发现其中问题也不少，因为这些书大多欠缺实用性。市场上广泛流传的咖啡馆书籍大致有四大类：一类像教科书，理论性很强，一看作者介绍就知道，作者本人就不是从业者，自己也不是咖啡馆的经营者，甚至都不爱喝咖啡，这样的书籍大多空洞无物；一类是舶来品，大多是翻译的国外作品，我们看得头晕眼花，也不知道个所以然，不过这对提升我们对咖啡的基本认识还是很有帮助的；一类像菜谱，这是咖啡行业另外一类专家所写的，书中大量的图片，文字寥寥，告诉我们咖啡产品如何制作，让我们领略了咖啡世界之美，但是咖啡馆是要经营的，是要盈利的，咖啡是用来喝的，过度追求花样，过度追求花哨的外表，注定会使我们的经营疲惫不堪；还有一类是专家书，是行业内资深的咖啡师或烘焙师写的，内容多为咖啡的知识、咖啡机的知识、咖啡豆如何烘焙等，书中会告诉读者，一个细小的温度差别可能会让一整杯咖啡无法喝！可谓详细详尽，十分专业。但是对于如何经营好一家咖啡馆，目前涉及的参考书并不是很多。经营咖啡馆会真的那么难吗？通过我自己的经营实践，发现并非如此，中间还是有很多窍门可寻的，专家们也不必为了标榜自己是专家而大量使用那些生僻的专有名词或中英文混杂的语句。还原一个真实的、有效的、可操作性的咖啡馆经营，就是我写这部书的主要目的。

本书侧重于中小型咖啡馆的投资创建及经营，其中还涉及了大型复合式咖啡厅的经营及其经历的发展过程，这些大型复合式咖啡厅，严格意义上已经不能称之为"咖啡馆"了，它们更像一个披着咖啡外衣的餐厅。不过没办法，对于广阔意义的咖啡爱好者来讲，他们眼中的咖啡，绝对少不了它们的身影，所以在本书中，仍然有不少篇幅是涉及它们的，以此让更多人更加清楚自己的投资方向。

本书的适读人群是那些有志于投资咖啡馆的"门外汉"，因为本书给他们提供了一个更真实的、更可信的咖啡馆筹备模型，要知道在公众的视野中，敢讲真话的书并不多；同时，本书也适合那些苦恼于店铺管理的经营者与从业者，因为书中全新的咖啡馆管理思想，有别于当下的常规管理思想，这对于"当下的困惑"有诸多的借鉴和指导作用。而对于那些自命不凡的行业资深人士来说，本书或许显得可有可无，因为我实在文笔有限，流水账式的笔体实在难以与其"专业风范"匹配。

无论如何都要感谢自己前进道路上的老师们，有他们的支持，才使得今天的我得以迅速成长；这里还要感恩我曾经工作的企业，是它们给予了我成长的机会，让我领略管理的魅力以及创业的艰辛；同时感谢那些我曾经辅导培训过的诸多酒店、大中型餐饮企业和咖啡馆，是它们让我的思想再次升华与迸发；感谢企业培训界的朋友们，管理咨询公司的前卫思想让我享受到"站在圈外看圈子"的迅速成长！

最后再次申明，书中的确有些细节不够严谨，毕竟第一次写字成书，如有缺陷在所难免，如有资深同行，还望海涵，并加以指正，不胜感谢！

李　强

2013 年 3 月 1 日于北京

Contents

目 录

每个人心目中都有一个有关咖啡的梦想，尤其是近几年，人们物质生活丰富了，追逐在大城市里的人更是渴望过一种真实、简单、自由、轻松、亲切、温暖甚至慵懒的"咖啡馆式生活"。越来越多的人热衷于"泡"咖啡馆，这也吸引了众多的咖啡馆投资者。而他们将咖啡馆开起来之后才大呼不妙，这不是自己想要的样子，本想开一家很有小资情调的咖啡馆，却不小心开成了一家弥漫煲仔饭气息的复合式咖啡厅，并自嘲"本地化"的结果。因此，我们有必要第一步就弄清楚，我们梦想中的咖啡馆到底是什么样子。那么，本书中的第一章就立志给你梳理出你心中的咖啡馆。

第二章　就想成功经营一家咖啡馆 / 039

　　每一个梦想都应该被实现，咖啡馆的梦想也不应有例外！有了咖啡馆的梦想，那就想办法让梦想照进现实吧！准备资金，选好店址，做好装修准备，找好合作伙伴，准备让你的梦想咖啡馆开张吧！好吧，这一章就是要告诉你，开一家咖啡馆到底要做什么样的准备。

第三章　每一粒豆子都要有热情 / 089

　　与其说是咖啡让人焕发活力，倒不如说是咖啡师激发了咖啡的热情！咖啡馆的经营不是摆弄些瓶瓶罐罐的茶叶铺，也不同于锅碗瓢盆叮当作响的中餐馆，咖啡馆是一个极具人文情怀的城市精英人群的精神家园，而这种人文精神的缔造者就是工作在咖啡馆里的人。如何激发店员的热情，引爆咖啡馆的人文情怀，正是这一章与你分享的。

第四章　成功经营咖啡梦／109

　　咖啡馆的经营不同于其他餐饮项目，如果说中餐厅是解决顾客的"肚子需要"的话，那么咖啡馆正是解决顾客的"脑袋需要"，咖啡馆在中国对于大多数人来说，哪怕是对于大多数靠咖啡馆生存者，都不算是生活的必需品，这点也成就了咖啡馆的独特经营思路，那就是：一切与咖啡无关！而任何生意都有窍门可循，咖啡馆的经营也不例外，找到这些经营窍门，逐一强化，就一定能让你的咖啡馆经营步入良性轨道！

第五章　左手加盟　右手创业 / 157

到底是加盟一家咖啡连锁品牌，还是自创品牌，自主经营？事实上很难说，两者比较，孰优孰劣，也很难说清，但是揭开国内咖啡品牌加盟的神秘面纱，避免掉入加盟陷阱还是十分有必要的，而之所以把这一章放到最后，是因为对于咖啡馆尤其是中小型咖啡店的投资，国内拥有良好后续服务的全国性质的连锁咖啡品牌真的屈指可数，考虑到对于多数投资人来说还是会优先选择加盟，所以作为咖啡连锁行业的资深高管，还是教你几招，所谓"防人之心不可无"嘛。

第一章
人人都有咖啡梦

　　每个人心目中都有一个有关咖啡的梦想，尤其是近几年，人们物质生活丰富了，追逐在大城市里的人更是渴望过一种真实、简单、自由、轻松、亲切、温暖甚至慵懒的"咖啡馆式生活"。越来越多的人热衷于"泡"咖啡馆，这也吸引了众多的咖啡馆投资者。而他们将咖啡馆开起来之后才大呼不妙，这不是自己想要的样子，本想开一家很有小资情调的咖啡馆，却一不小心开成了一家弥漫煲仔饭气息的复合式咖啡厅，并自嘲"本地化"的结果。因此，我们有必要第一步就弄清楚，我们梦想中的咖啡馆到底是什么样子。那么，本书中的第一章就立志给你梳理出你心中的咖啡馆。

梦想，这是一个多么美妙的词汇！它可以让旖旎的风光出现在最贫瘠的土地上，它可以让温润的雨露浇灌最干涸的心灵，它可以让一切本不可能发生的奇迹，显现在一双双惊讶的目光面前。

我不在家，就在咖啡馆；我不在咖啡馆，就在去往咖啡馆的路上！这就是无数人对咖啡馆的向往。于是，这也造就了无数人向往开间属于自己的咖啡馆的美丽梦想！是啊，谁不想开家咖啡馆呢？

关于咖啡馆的梦想

——我们的咖啡梦源自欧洲街头的咖啡文化，源自对城市精英文化的解读

每个人都有属于自己的梦想，而几乎所有人的梦想都会被定义成自由、健康、舒适、惬意、安静、自然、清新、品味，而这些字眼全部都用在"咖啡馆"上也绝不为过，因为咖啡馆就是成就你这些梦想的沃土。

在欧洲，整个文艺复兴时期的众多伟大作品都诞生于咖啡馆。在咖啡馆里，伟大的德国作曲家约塞·巴赫编写出独幕喜剧《咖啡大合唱》；伟大的法国作家巴尔扎克，每天都要饮用大量咖啡，他说："一旦咖啡进入肠胃，全身就开始沸腾起来，思维就摆好阵势，仿佛一支伟大军队的连队，在战场上开始投入了战斗。"

而知识分子汇集的塞纳河左岸，更是把咖啡馆文化演绎得淋漓尽致。学院文人聚集在此，写诗作画，仿佛咖啡赋予了他们无数灵感，一部部巨作就在这里诞生！这赋予了咖啡文化更多文艺色彩，咖啡是实质的形体，但是咖啡隐含的精神，却铿锵有力。一杯咖啡里所倾注的不只是二百五十克的黑色液体，而是一份数百年来对人文思想的尊敬。这样的尊敬封存在时光深处，珍藏在心里，融在每一杯的咖啡里。一杯朴实单纯的咖啡，也许不昂贵也并不讲究，但

却飘荡着缕缕艺术气质和人文气息。或许这才是我们迷恋咖啡的真正原因吧，这才是我们的美丽咖啡梦！

美丽的咖啡梦就是源自那里——欧洲的文艺复兴时期塞纳河畔的左岸。由于文化知识界聚集在左岸，于是各种书店、出版社、小剧场、美术馆、博物馆等逐渐建立起来，一时间文人雅士进进出出，喝咖啡成了时尚，那个时代因此被美誉为"咖啡文化时代"。

让我们来看看梦里的咖啡馆是什么样子吧！

花神咖啡馆　　位于塞纳河左岸的圣日耳曼大街上，店面不大，外观雅致，漆黑的窗檐，白色遮阳布，阳光可以直射室内，却又不会很刺眼，室内大多是古朴的木质家私，像老古董，但是又被清洁得很干净的样子；二楼窗外的花架有青枝蔓藤缠绕，让在闹市中的它显得富有生机而又静怡，吧台的老杰克热情地招呼这些诗人、作家们就座，它的招牌咖啡泛着一股杏仁的果香，并附送一杯冰水；可以静静地坐一下午，听一首很老的曲子，放飞整个思绪。

殉道者咖啡馆　　坐落在塞纳河左岸的殉道者大街上，位于布雷达街和纳瓦兰街的拐角处，是法国第二帝国时期最主要的咖啡馆。楼上和楼下的那两个高大、宽敞的房间里都点着闪烁的煤气灯，摆着讲

◆ 欧洲街头的花神咖啡馆。

究的长沙发和光亮的橡木桌，但是镜子、图片、镀金线脚、女像柱和人造花看上去却并不怎么雅致，因为在殉道者咖啡馆聚集着一帮潦倒却充满激情的作家、诗人和画家。这是法国第一家真正的波西米亚生活式的咖啡馆。晚上咖啡馆里明亮耀眼的枝形吊灯的灯光，常会射到才情四溢的画家或诗人身上。

中央咖啡馆　　建于 1876 年，位于维也纳最繁华的街道，是帝国时代最著名的咖啡馆。咖啡馆的前身是威尼斯风格的帝国银行。4 层台阶引向对开的入门，门上挂着紫红色的旗子；流线的拱墙，精美的装饰，贵气的石柱，烘托出咖啡馆的富丽豪奢。走进高大的厅堂，华美的吊灯弥漫出轻柔的光线；古雅的咖啡桌，舒服的靠椅，漆亮的钢琴，都散发着一种优雅高贵的情调。匈牙

◇ 维也纳中央咖啡馆

利作家海尔塔依·耶努就把中央咖啡馆看成了一个"绅士培训基地"，他觉得"咖啡馆使客人更绅士、更礼貌、更得体。用咖啡哺育他们，磨炼他们。将报纸递到他们手中，培育他们，教导他们，启蒙他们"。可以说中央咖啡馆成了文人生活的一部分，舒伯特、贝多芬、柏辽兹、李斯特等艺术家就经常出入咖啡馆。当时舒伯特就是在咖啡馆里一边打台球，一边构想音乐，《摇篮曲》就是诞生于咖啡馆。作家古斯塔夫·格鲁奈尔就说："当中央咖啡馆打开侧窗、涌入清新的空气时，春天也就来了。"现代散文大师阿尔弗莱德·普加尔在他的思想录《注释》里还写过一篇题为《中央咖啡馆理论》的文章："中央咖啡馆有自己的理论，它与其他咖啡馆不同，它有着具有深刻内涵的世界观：根本不观察外部世界……根据我的经验，坐在中央咖啡馆里的人，没有一个不会成为中央咖啡馆的一部分，没有一个不会染上中央咖啡馆灰绿混合的颜色……中央咖啡馆孤独地坐落在维也纳激进的边缘，它的居民都是这样的人，他们对人的憎恨与对人的渴望同样强烈，他们在孤单独处的同时又需要群体。"在"音乐之都"的空气里，不仅流动着音乐的韵律，而且弥漫着咖啡的清香。浸泡在咖啡馆里的人们只要付一杯咖啡的钱，就可以在咖啡馆一边喝着咖啡，一边会友、下棋、看书、写书、读报，或者在一个不显眼的角落里看电视，甚至是一个人在窗边发呆，看着树枝长出新叶，又落叶。

而在 1650 年，英国就已经抢先法国引入了第一家咖啡馆——坐落于牛津大学的雅各布咖啡馆。从诞生日起，英国的咖啡馆就附上了"文艺咖啡馆"的称号，是亨利·布兰特把咖啡的土耳其语称呼改为英式的"Coffee"叫法，并著有《为咖啡馆辩护》，讲述咖啡和咖啡馆的种种好处，因此，亨利·布兰特在英国被尊为"咖啡馆之父"。富有绅士情怀的英国人下午坐在咖啡馆里享用"下午茶"是一道绝佳的风景，下午茶算不上很丰富，无非是些点心或糕点之类，但是享用其丰富营养之后，成为丰富的精神食粮。

◆ 塞纳河左岸的咖啡馆

这些欧洲繁华街道上的咖啡馆就构架出我们最初的、美丽的咖啡梦：高大的落地窗，阳光直射进来被或白或绿或暗红的遮阳布挡住，室内木质的古朴家具，高档而不俗气，好听的音乐，亲切的咖啡师为我们亲手调制一杯香气四溢的咖啡，坐在窗边或是角落，看看书，读着报纸，畅想着一天的美好生活，真是太美妙了！

而要说中国内地咖啡馆的普及历史，则不得不提与我们共享一方海域的日本和中国台湾、中国香港地区，可以说，欧洲的咖啡馆文化最早传播到了日本，再到中国的台湾、中国香港，再到中国的沿海及发达地区，并逐步普及到中国内地的各个主要城市。所以内地的咖啡馆受到日本、中国台湾的咖啡馆文化的影响更为深远，早期的上岛咖啡系列，以及名典咖啡茶语都带有明显的此类风格。此类咖啡馆很好地将欧洲古朴的、厚重的咖啡馆风格，加入了东方的田园风、素雅风，环境静逸优雅，更容易让东方的消费者接受，这种类型的咖啡馆风格也是中国内地咖啡馆风格定位的主要元素。

无论是欧洲浓厚的咖啡馆文化，还是来自日本、中国台湾、中国香港咖啡馆的田园风、素雅风、简约风、休闲风、文艺风，都源自本土对咖啡馆文化的合理解读。于是，中国的咖啡馆文化可以清晰地解读为：传承西方咖啡馆文化，或者以此为基础延伸出去的具有中国本土特色的"城市精英文化"！

或许，这番描述只是你的一个遥远的梦。欧洲距离我们太遥远了，日本、中国台湾，距离我们也不是太近，我们无法真正看到巴黎街头的左岸咖啡，无法真正领略维也纳街头的梅西利咖啡馆，我们有的或许只是一个美丽的咖啡梦吧。不过没关系，如今梦想已经走进了现实，在中国也可以看到这样美丽的咖啡馆，它们或许也是我们很多热衷投资咖啡馆的人的美丽咖啡梦！

上岛咖啡的中国梦

在中国如果要问最知名的咖啡品牌，我想绝大多数人一定会说上岛咖啡！的确！上岛咖啡系列在中国发展已有三十多年历程，已经遍布大江南北，并且由此也深远地影响着国人的饮食消费观念。

之所以特别说起上岛咖啡，是因为对于大多数咖啡馆的投资人来说，对上岛咖啡的认识可谓最为深远，而上岛咖啡对国人咖啡认识的影响也最为深远。

谈论我发明的一个行业名词：上岛系列或泛上岛系列。上岛系列是指由原有上岛咖啡的分公司开设的上岛咖啡厅或者由这些分公司直接演变来的咖啡厅品牌，如迪欧咖啡（前身为苏州上岛咖啡公司）、两岸咖啡（前身为杭州上岛咖啡）、欧索米萝咖啡（前身为广东上岛咖啡食品有限公司）。泛上岛系列是指虽然本身不是上岛咖啡，但是却和上岛有很多近似点，它们要么是上岛咖啡曾经的加盟商"自立门户"形成的品牌，要么是直接模仿上岛而形成的品牌。影响力较大的有苏州的新岛咖啡，天津的外滩风尚西餐咖啡连锁，北京的爵士岛咖啡和西堤岛咖啡等。这些品牌几乎遍布大江南北的每一个城市，经营情况也是良

◇ 依次为：上岛咖啡、两岸咖啡、迪欧咖啡、欧索米萝咖啡

莠不齐，但是正是它们的存在，让众多的中国老百姓领略了什么是咖啡，领略了什么是西餐，它们装点着每个城市，甚至深刻影响着城市的生活。

从某种意义上说，上岛系列包含泛上岛系列的出现带有一定的历史必然性，它们的出现的确推动了国人对咖啡的认识，从某种意义上说，是它们在教育国人"抛弃"速溶咖啡，而改喝或是尝试消费"现磨咖啡"，它们早期这种先天优势的成功，吸引了大批咖啡厅/馆的投资创业者，它们算是中国咖啡行业创业热潮的早期推动者。

上岛咖啡系列的成功可以说是中国经济发展的象征，借着改革开放的春风，从我国港台地区引入，进入广东沿海，再扩张至整个中国内地地区，尤其是在2003~2005年，可谓整个上岛系列的发展高峰期，超过3000家的店面，可谓风光一时！而追溯咖啡在中国的发展历程，则可大致分为以下三个阶段。

第一阶段：雀巢时代。一句"滴滴香浓"的广告词，让雀巢这个咖啡品牌深入中国第一批小康家庭，雀巢咖啡让众多的中国人知道了咖啡是一种加糖加奶的、可以提神的饮料。

第二阶段：上岛咖啡系列引领的复合式咖啡厅时代。以上岛咖啡为代表的复合式咖啡厅，让相当一部分有消费能力的中国人近乎放弃速溶咖啡，走进咖啡厅消费黑色的现磨咖啡，这也引起了虹吸式咖啡的兴起。

第三阶段：星巴克的进入与意式咖啡馆的多样化。美国的星巴克进入中国，尤其是其2003年后的大肆扩张掀起了中国咖啡馆行业的巨大变化，很多上岛咖啡系列的吧台里都开始引入自己不擅长使用的"意式咖啡机"，一线城市里的上岛咖啡系列也在2005年后开始随着星巴克的不断兴起，逐渐脱离一线市场，而这个阶段咖啡行业变化更大的却是意式咖啡馆开始在一线城市如雨后春笋般地涌现出来。它们拥有类似星巴克的产品做内在基础，却披上了中国人喜欢的或是复古，或是怀旧，或是文艺的外衣，开始出现在北京的南锣鼓巷，或是上海的某个弄巷，甚至是厦门的鼓浪屿、阳朔的西街以及丽江的古城道上。

那么看到这里你要问了：

上岛咖啡系列及泛上岛系到底还有多少生存空间？

上岛咖啡是否已经走下坡路？

投资上岛咖啡系列还有利可图吗？

这是我经常遇到的网友提问。我想，按照我对市场的了解，在一线发达城市，旧有上岛系经营模式的确吃紧，原因主要有三。

第一，由于上岛系普遍经营面积较大，房租压力过大，且人工成本、原材料费用增加，运营成本过高，难以维持营运。就以北京为例，以我对上岛、迪欧、新岛、米萝这些上岛系的了解，其中不少是因为房租及各项成本压力而倒闭或转让的。

第二，一线城市行业竞争激烈，上岛系列产品多而全（中西餐混杂），消费功能也多而全（包房、卡座、打牌娱乐），服务方式以简单快捷方式为主，难以产生其核心竞争力，市场竞争力弱，整体环境陈旧，不能迎合当下顾客的审美需求，造成顾客大量流失。

第三，上岛系包含泛上岛系，大多数以加盟店形式生存，总部管控不力，难以形成强有力的品牌印象，只在社会顾客群内产生较普遍的认知印象，在各类竞争加大，其自身环境、产品、服务不变甚至下滑的前提下，顾客群整体流失。

但这并不是说上岛系或泛上岛系就没有了生存的可能！通过我对多个城市的观察，发现上岛系还是有顽强的生命力的。

第一，在二、三线城市，甚至是四线城市，上岛系或者泛上岛系，仍是咖啡消费的主战场，而中国广阔的二、三、四线市场也为这些咖啡厅提供了广阔的生存空间。

第二，在一线城市，虽然整个上岛系确有下滑趋势，但是对于某些独立经

营的上岛系加盟店来说，通过内部环境的优化、产品的提升，以及有利的地理位置，仍然能够较好地生存，同时部分区域性的泛上岛系品牌在当地已经焕发了良好的生存势头，如北京的亚运村花舍咖啡、中关村新岛咖啡等。

不过就整体趋势来看，以我的观点来看，上岛系还是和真正的咖啡馆相去甚远，它们更多的是套用咖啡的名义做餐馆的生意，甚至是套用咖啡的名义做中餐的生意，这个在你投资之前一定要明确，你到底是想要一家弥漫着咖啡香气的咖啡馆，还是要一家飘满煲仔饭味道或是牛排气息的复合式餐厅？

咖啡馆的梦想也要有主题

——咖啡的梦想也需要梳理，咖啡馆也有不同的类别

梦想在逐步地走进我们的现实世界，随着中国经济的崛起，中国的餐饮业焕发了勃勃生机，咖啡馆自然也在这样一个大潮中孕育而生！从早期的港式茶餐厅，到台系的复合式咖啡厅，再到星巴克的精品商务咖啡馆，再到众多祖国大陆本土大大小小的原创咖啡店，咖啡已经不再像人们想象的那样神秘了，它已经步入了千家万户。当然它也不仅仅是那种雀巢速溶咖啡所描述的加糖、加奶、润滑好喝的咖啡饮料，而是恢复了咖啡本身具有的神韵：棕黑、苦、酸、香醇，让人焕发神采。

如何实现梦想？

实现梦想的第一步，一定要先描述梦想，所谓"说得清楚，做得明白，最后才干得痛快"。把你梦想里的咖啡馆，用语言、用文字，甚至是用拼图的方式描述出来，就是你实现梦想的第一步。

更为简单的、全方位的描述梦想的方式，就是在现实社会中找到参照物，

用类比的方式，把梦想中的咖啡馆具体化。一个近似梦想中的咖啡馆就摆在你的面前，灵活运用加减法就能立体地勾勒出你理想中的咖啡馆了。

遥远的欧洲咖啡馆文化，给我们提供了最为原始的美丽咖啡梦，这是我们梦想中的咖啡馆参照。现在我们要慢慢地把这个梦想拉近，让它步入我们的真实生活中来。让我们来看看国内的咖啡馆先行者们，是他们给我们描绘了一个更为贴切实际的美丽咖啡馆梦想！

为了方便描述，我们以店面的经营面积及经营项目的复杂程度，来把现有的咖啡馆分为四个主要类别。

复合式咖啡厅

这类咖啡馆面积大多在 500 平方米以上，大型的甚至近 2000 平方米，经营项目繁多，可谓应有尽有，喝的有咖啡、果汁、奶茶、冰沙、奶昔；吃的有西餐牛排、比萨、意大利面、中餐商务套餐、炒菜、煲仔饭，甚至应对季节变化会有火锅；消费区功能也很强，包厢、卡座、商务宴请房，甚至还有卡拉 OK，营业时间多在早上九点至凌晨一点或两点。

这里介绍的是以上岛咖啡为代表的台系复合式咖啡厅。上岛咖啡是国内著名的咖啡连锁餐厅，以经营管理咖啡连锁事业闻名。轻松愉快的氛围，品质一流的咖啡，佐以精心调配的餐点、美味的甜点，以及健康自然的特色饮品，赢得追求时尚品位人士的极大

◇ 名典咖啡语茶是最早进入祖国大陆的台系复合式咖啡厅了，它也开启了中国复合式咖啡厅逐步风靡的序幕

青睐。上岛咖啡于 1968 年从日本进驻中国宝岛台湾开始发展。1997 年上岛咖啡在中国海南繁华的街道开了第一家店，后逐步分裂成广东上岛食品有限公司、苏州上岛有限公司、杭州上岛有限公司、上海上岛有限公司等 8 个分公司，之后还进一步延伸出迪欧咖啡、欧索米萝咖啡、两岸咖啡等衍生咖啡厅品牌，至今已有超过 1000 多家连锁店遍布中国大江南北，成为目前国内最知名的咖啡连锁餐厅之一。

其实在上岛咖啡系列进入祖国大陆之前，较早进入祖国大陆发展咖啡事业的还有名典咖啡语茶。这个品牌当时发展之快，给了早期上岛咖啡的股东们无限的向往和希望。在"名典模式"的基础上做了适当改良后，上岛咖啡逐步奠定了祖国大陆地区第一咖啡厅品牌的霸主地位。其中改良最为关键的点如下所述。

多个分公司分头发展，起头并进 相对于名典咖啡语茶坐落于东莞厚街的一个事业总部来讲，上岛咖啡的发展可谓更进一步，早期 8 个分公司雄踞南北，分工合作，共同发展。这样，品牌的拓展速度自然要快很多，例如，广东上岛咖啡食品有限公司负责广东省、广西壮族自治区、云南省的区域拓展和加盟业务；苏州上岛咖啡则负责江苏省、辽宁省、河南省三地业务。

更为醒目的招牌形象 早期上岛咖啡黄色底面灯箱，加上醒目的黑色字体，十分醒目，同时总部要求，店铺有多长，招牌就要有多长，这使得"上岛咖啡"的字样更加深入人心。一时间各个城市的主要路段随处可见"上岛"二字。很多城市，甚至还把上岛当做了西餐的代名词。其实细细想也是，当时很多二、三线城市都没有高星级的酒店，就算有也是属于极少数权贵群体消费的，只有在街头那黄色醒目招牌的里面才可以享用一份叫做"铁板黑胡椒牛排"的东西，自然深得普通大众的追捧，而相对于名典咖啡语茶的绿白色的素雅招牌，黄色招牌显然更为显眼招人。

更大的店铺面积，更好的就餐环境 相对于名典咖啡语茶的中型店面，上岛咖啡以中大型店面为主，甚至部分分公司以 800 平方米以上面积为首选。更大型的店面，带来了诸多好处，其中第一大好处，就是一下子提升了店铺加盟门槛，提升了店面的生存时间。要知道上岛咖啡系列还是加盟的店铺多些，大的面积，会吸引经济实力更强的加盟合作投资人，而这些投资人深厚的本土关系、雄厚的资本实力、广阔的人脉渠道，换得了更长久的店铺生存空间。大的店面，还提升了就餐环境，仅卡座消费区就可分为商务卡座和情侣卡座，甚至早期的店铺还有供儿童和情侣消费的吊椅。多元化的消费区域，可满足顾客群体的多种消费需求。当然更大的店铺面积，也给总部带来丰厚的装修收益，要知道大多数的上岛咖啡分公司都是总部直接进行加盟店铺装修的。

更丰富的产品　上岛咖啡更为丰富的产品，也是吸引顾客的法宝，无论是咖啡、茶、还是果汁，应有尽有，中餐、西餐也是样样齐全。并且，还大胆引用中式小炒，尤其是将川湘菜引入咖啡厅，可谓餐饮界"土洋结合""中餐西吃"的最早先例了。

更多的直营店铺　相对于其他品牌来讲，早期的上岛咖啡品牌更注重店铺的直营管理。这些店铺由总部直属经营，总部定期召开店务分析会，确保了店铺的正常运转，并保证了店铺的管理质量。这很好地辅助了品牌的发展，同时还发展了一大批的储备管理梯队。我作为第一批进入到所属上岛咖啡公司的外聘店长，至离职日，所属的分公司的上岛咖啡直营店就已经超过了 130 家，培

◇ 上岛咖啡给我们的经典印象

养的梯队店长已经超过 100 人，主管、领班级干部更是近千人。如此强大的管理团队，是早期上岛咖啡能迅猛发展的基石。

当然，上岛咖啡的成功不仅如此，还包含良好的物流配送体系、培训运营体系建设等，还有，更为主要的是改革开放的大好形势。改革春风吹过，国人解放思想，经济交流更为活跃，尤其是以广东为首的沿海地区。港澳台同胞及外商纷纷往返于祖国大陆的同时，也带来了新的餐饮业态，这就是上岛咖啡系列成功的大背景。当时的国人，更需要一种不同于传统中餐的消费场所，摒弃嘈杂的就餐环境，摒弃大酒大肉的吃喝，更需要一种相对安静的、文雅的就餐环境，于是这种"西式就餐环境、中式餐饮口味"的复合式咖啡厅在港式茶餐厅的基础上孕育而生！

那么，上岛咖啡系列给我们一个什么样的咖啡梦呢？

它们更符合中国改革开放初期的顾客需求：中式口味、西式环境的复合式中西简餐厅。

中型咖啡馆

这类店铺面积一般为 150~300 平方米，营业时间通常为早上九点至晚上十二点，产品较为丰富，饮品仍以咖啡类饮品为主，辅以果汁、茶类及冰品，餐品则除了糕点之外，还会搭配少量的西式简餐及部分商务套餐，当然也会根据商圈特点混搭一些笔记本、咖啡杯、咖啡豆、书籍、影像 CD 等特色商品。由于具备一定的就餐空间，内部还会辅以部分特色消费区，例如，书吧或是卡座，甚至是台球区，兼顾棋牌、桌游等功能。

这里简要介绍中型咖啡馆的代表北京雕刻时光咖啡馆。

雕刻时光咖啡创办于 1997 年 11 月 28 日。那一年刚从大学毕业的庄仔和小猫刚从遥远的新疆回来，有感于新疆的时而恬静时而宏伟壮丽的自然景致，因而萌发了开咖啡馆、过种咖啡馆式生活的念头。

咖啡馆的名字取得颇费周折，最后终于选择了这个充满诗意的名字：雕刻时光。"雕刻时光"来自苏联导演安德烈·塔可夫斯基所写的电影自传的书名，其大意是说电影这门艺术是借着胶片记录下时间流逝的过程，时间会在人的身上、心灵上留下印记，即雕刻时光的意义所在。咖啡馆的意义也是源于此，让时间、人和情感在此驻留，留下美好的回忆。

◇ 雕刻时光五道口店厅堂一角

咖啡馆原在北京大学东门和清华大学西门之间的成府路上，小区周遭环境极富有人文气息。学术书店万圣书园就在这条小路上，所以经常有学人、出版商、艺术家和广告人在这里进进出出，相互调侃，辩论，谈天说地，生活气息极其浓厚。后来雕刻时光因城市规划而迁徙到目前的魏公村理工大学南门边上，朝南的窗口外面是成排的杨树，树影随四季变化而有了极美的视野。

白天，阳光从玻璃窗外照进屋里，印度红的窗帘留下道道阴影，与木质地板相映成趣。人在咖啡屋内沐浴着阳光，陶笛之声清悦明快，每每被陶醉。夜里，热闹和激情充溢着咖啡馆，爵士、印度、拉丁风情的天籁之

◇ 雕刻时光咖啡馆

声交合，人们于此相互交流和理解，或继续课堂的那一场辩论，这时也有浑水之鱼的情人轻柔地进行着他们的乐章，相映成趣，那是一部交响曲。

每天，咖啡馆里来来往往的人群是道更可爱的风景。雕刻时光，始终秉承着专业的咖啡品质经营理念，良好的行业口碑让这个在京城驻扎13年的连锁咖啡馆不断保持着活力。另外，品牌下经营的西式简餐同样以多样的品项、可口的味道成为经典菜色。

不断吸收新晋元素的咖啡馆，将电影、音乐、阅读、恋物等乐活族（lifestyle of health and sustainability,LOHAS）生活理念，慢慢融入其中。浑然不觉之余发现生活、热爱生活、为生活提供更舒适的体验，是雕刻时光人的愿望！

上面这段文字来自雕刻时光咖啡馆的官方网站，通过它我们可以清晰地了解雕刻时光的发展历程，以及它所提倡的健康、简单、知性的人文情怀，同时在经营上巧妙地运用混搭技巧，不断强化知性美与学院派的主题，既满足了顾客的多元需求，也丰富了店铺的经营品位。

国内拥有类似定位的咖啡馆也有很多，如山西的第二客厅、安徽的研磨时光以及众多的单体咖啡馆。此类型咖啡馆由于具备一定的面积，经营方式具备一定的延展性，收放自如，加上较为丰富的产品项目、良好的出品保证，所以在各自的城市区域都做出了不错的成绩。

那么雕刻时光咖啡馆又给我们提供了怎样的咖啡馆构想呢？

它们是向往自然、文艺和生活品位的小资聚集地。

个性小咖啡馆

这类咖啡馆面积往往也不大，一般在150平方米以下，最小的甚至只有12平方米。咖啡馆的经营项目十分多元化，咖啡及咖啡相关产品自然是少不了的，还可以兼营明信片、书籍、文化衫、小古董、个性配饰，并且往往带有一定的主题特征，具备鲜明的个性；开设的地点往往是旅游景点、特色商业街、古巷胡同、学院周边或是文化展馆附近。虽然大多位置不起眼，但是其个性化的店面形象、个性化的产品结构，还是吸引了众多寻求好奇、新鲜的年轻族。

这样的咖啡馆已经成为很多城市亮丽的风景线，例如，北京的南锣鼓巷就是著名的咖啡馆一条街，二十几家咖啡馆大多都是这种类型的店，还有成都的宽窄巷、长沙的老街、苏州的平江道、阳朔的西街等都有为数不少的个性咖啡小店。

◇ 北京的南锣鼓巷与烟袋斜街及周边地区是个性特色咖啡馆的集中地

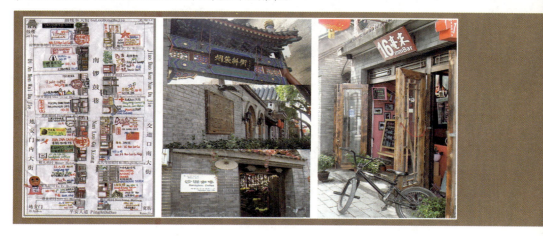

这种类型的咖啡小店的统一特征就是具备鲜明的个性，同时又充满丰富的人文情怀。产品不多，但是品类丰富而多元，绝对谢绝俗套；注重殿堂软性环境的布置；面积小，店铺管理简单、灵活。投资相对灵活，可大可小。咖啡馆的主题定位也很多元化，有以明信片为主题的，有以电影为主题的，有以民族饰品为主题的，有以摄影为主题的，有以老照片为主题的，有以美国乡村为主题的，甚至有以便所马桶为主题的。

可以说，个性的小咖啡馆，给我们提供了最富有个性情调的咖啡梦。

小型商务咖啡馆

这类咖啡馆面积在 200 平米方以内，产品以各种咖啡饮品为主，辅助茶饮、果汁和冰品，并结合少量的糕点、饼干，同时还兼营部分咖啡杯、咖啡豆等纪念品，营业时间多在早上 10 点至晚上 10 点，一般开设在人流量较大的商场、地铁口附近及高档社区楼下。

这里简要介绍以星巴克为代表的商务咖啡馆。这种类型的商务咖啡馆是近几年才大规模兴起的，其实早在 1999 年，星巴克就已经进驻北京市场了，当时可没有今天那么普及和风靡，直到 2003 年之后才大规模扩张。星巴克在中国的成功绝非偶然，因为它在进驻中国之前就已经是世界排名第一的咖啡品牌了，"星巴克"这个名字来自美国作家麦尔维尔的小说《白鲸》中一位处事极其冷静、极具性格魅力的大副。他的嗜好就是喝咖啡。麦尔维尔在美国甚至世界文学史上有很高的地位，但麦尔维尔的读者群并不算多，主要是受过良好教育、有较高文化品位的人士，没有一定文化教养的人是不可能去读《白鲸》这部小说的，更不要说去了解星巴克这个人物了。从星巴克这一品牌的名称上，就可以清晰地明确其目标市场的定位：不是普通的大众，而是一群注重享受、休闲，崇尚知识，尊重人文的富有小资情怀的城市白领。

星巴克是一种休闲生活方式的标志，和星巴克相关的咖啡语录和咖啡文字：自由、随意、优雅、体面、尊贵、浪漫、先进和文明，正在被广泛阅读和传诵着。高级写字楼里的白领们一般都遵循着这样一个日程表：上午在办公室，下午则在星巴克泡着。简略为一句很经典的话：我不在办公室，我就在星巴克；我不在星巴克，我就在去星巴克的路上。于是，一杯星巴克咖啡成为小资的标志。

在星巴克咖啡店里，可以品尝来自中美洲、非洲和印度尼西亚等咖啡原产区的 30 多种经过精心烘焙的名贵咖啡，同时还可以品尝星巴克提供一系列手工制作的饮料、新鲜烤制的糕点。星巴克所有的咖啡都是在饮用前 1 小时内新鲜研磨的，以保证来自世界各地的原始咖啡美味。星巴克的标准为：在每一位顾客点好咖啡后当场制作，30秒内完成并立即端给顾客。质地浓稠、口味香醇、气味芳香的浓缩咖啡，正是星巴克的招牌。坐在星巴克里，木质的桌椅、清雅的音乐、考究的咖啡器具，典雅而悠闲。视觉的温馨平静，听觉的随心所欲，嗅觉的清新浓郁等，一同沐浴在温情的注视下，等级秩序被取消了，皮肤颜色变得模糊，文化差异被忽略，理想的大同世界在星巴克变成了现实。

星巴克无论如何都是一家真正意义上的咖啡馆，尽管它采用的是连锁经营的形式，但每一家分店，无论是在北美，还是在中国，都显示出美国咖啡馆特有的格调和氛围。咖啡只是一种载体，而正是通过咖啡这种载体，星巴克把一种独特的格调传送给顾客。生活在大城市的人们，生活比较忙碌紧张，无暇以悠闲的心境享受生活，所以咖啡馆正是商务楼群里的"第三空间"，星巴克成了除家庭和办公室之外的"第三个好去处"。

在中国，类似星巴克定位的商务咖啡馆也在逐步兴起，在北京，英国第一品牌咖世家（Costa）与北京华联合作成立华联咖世家（北京）餐饮管理有限公司，其在2008年8月8日开出了第一家店铺，自此，咖世家咖啡馆凭借华联强大的渠道优势，疯狂在中国市场攻城略地，扩张速度极其迅猛，并成为国内星巴克最强有力的市场竞争对手。

据环球企业家报道，2011年7月2日，咖世家在中国的第100家店铺在北京首都国际机场T3航站楼正式开业。而在此前，这里却是星巴克的地盘，并曾经是星巴克在华北区盈利最多的一家店——每天1980多万人次的客流量，日均1000单和3万~5万元的销量额。这是一个如此具有标志性意义的时刻，以致咖世家所属母公司Whitbread集团的首席执行官哈里森为此特意从伦敦飞至北京现场造势，并宣称明年还要在中国再开超过100家店铺。

星巴克、咖世家可以算是中国商务咖啡馆的领跑者了，在其迅猛发展的带

动下，其他模仿者或是近似定位品牌也大举扩张，例如来自加拿大的百怡咖啡，以及总部位于青岛的SPR（耶仕咖啡）就是其中的佼佼者，发展店铺数量均超过100家。星巴克在中国市场的长驱直入，还吸引了老牌的快餐巨头——麦当劳。麦当劳也开始在其部分店铺中设置"麦咖啡"专区。由此可见，商务类型的咖啡馆的需求是多么广阔！

那么以星巴克为首的商务咖啡馆给我们营造出了一个什么样的咖啡梦呢？

◇ 依次为：星巴克、咖世家、SPR咖啡和百怡咖啡

它们是倡导商务、简约、有品质的、洋气十足的精品咖啡馆。

个性小咖啡馆——最美的咖啡梦

"小是美好的"！不记得哪位优秀的小咖啡馆同行曾经如此说过。是的，欧洲街头随处可见的咖啡馆就是小的，但是里面的世界很大！那里不只是为我们孕育了咖啡文化！还为我们提供了优质品位生活的样板！

开一家只属于自己的咖啡馆，让自己喜欢，同时也希望别人喜欢，这可能是这类小咖啡馆投资人的最原始想法了。网络时代的来临，中国大中城市的飞速国际化，不但催生了国人的消费观念，也催生了国人思想个性的再次解放！城市的年轻人更向往自由和个性，更向往时尚潮流的国际风范，其实，岂止年轻人呢，从25岁至45岁的人，尤其是在繁华都市生活的白领、金领或蓝领，无不有此性格。咖啡馆就集合了这样一个群体，他们年轻，有活力，消费观开放，向往自由，崇尚个性，当然也追求真实的自然。咖啡馆的投资人也是如此，于是就诞生了众多形形色色的小咖啡馆。

电影主题咖啡馆

这类型咖啡馆的消费人群以时尚人士为主，尤其深得时尚、小资群体喜爱。店内充斥着各类型的电影海报，能勾起顾客无限的想象空间，有助于唤起顾客的消费共鸣。此外，店内摆放明星玩偶、旧留声机、旧摄像机、旧电影胶片，仿佛一下把顾客拉进电影的情节当中，让人很容易去体会电影里的那一段段感人情节。在这方面，北京的雕刻时光咖啡馆可谓做得淋漓尽致了。小到进门的那块电影看板做成的营业时间，再到那部放置已久的老式摄像机，再到墙面精选的电影海报，正如咖啡馆的主题"雕刻时光"，在咖啡杯里，仿佛享受着"时间停止"的意境。

经营提示：电影主题是很多咖啡馆投资人的首选题材，因为相关素材很多，电影海报可以通过网络下载，电影音乐、电影光碟也容易购买。但是能否做出电影的主题风格，还是十分见其功力的。首先，电影海报的选择，尽量选取别致点的，风格可以考虑统一的，并可时常更换，同时电影海报的选择还可根据所悬挂的场景来精心搭配；其次，定期播放的"电影日"也是十分讨好顾客的，选择的电影一定要富有内涵，一般以文艺电影及老电影为主。这些电影虽然不是广为流传，但是意境独特，不会过于吵闹，更能迎合顾客的品位需求；最后，在店内除了可以摆放电影海报、电影音乐、电影光碟、拍摄电影的设备以及明星玩偶外，各类与电影相关的书籍也是十分讨好的，这不但迎合了主题，还增加了店铺的"书卷气质"。

投资提示：整个店铺的氛围尤为重要，此外，由于目标针对年轻群体，网络营销需广泛开展。

◆ 北京伟大航路咖啡馆内很有意思的小摆件

参考店型：北京尚都 soho 伟大航路咖啡馆。

推荐理由：深藏在写字楼里的一家小咖啡馆，生意却十分不错。这和店家十分温馨的室内布置有很大关系，坐下来就绝对不想起来，每周不同主题的老电影，绝对是吸引顾客的好方式。

动漫游戏主题咖啡店

消费人群多是"80后"、"90后"的年轻人，人均消费20元~50元，在学校和繁华商圈周围最容易聚集动漫迷。在店中开设专门的展示区及游戏试玩区。展示区可展示各动漫社团的作品，并售卖漫画单图、画册等。游戏试玩区，会提供PS2、Wii等家用机，让爱好者们"过过手瘾"。为了尽快聚集人气，在一些青年网上论坛可开设专区，在动漫展、音乐节等活动上投放传单，并发动动漫迷推广店铺。

经营提示：首先在店铺的装修上，一定要体现年轻人的主题，如各类型的动漫主题漫画，动漫主题的摆件及装饰品等。同时，由于主要针对的是年轻人，还可以加入所有时下流行的因素进行混搭，如桌游、三国杀游戏等。此外，在经营中还可举办一些动漫比赛、沙龙等活动，帮助聚集人气。此外，这种类型的店在营销上要尤为突出网络的包装与宣传，因为这些年轻人都是网络一族，他们很可能就是从某个网站上获取的信息呢。

投资提示：投资人敏锐的市场洞察力，时时跟进年轻人的时尚潮流，同时熟练的网络营销能力是其盈利关键。

参考店型：上海虹口区创智天地老友记桌游汇。

推荐理由：严格意义上这里的确不大像一家咖啡店，但它的确也具备咖啡馆可以借鉴的"娱乐"、"游戏"元素。

自家烘焙咖啡店

如果你是一个真正的咖啡达人，可以考虑开一家"自家烘焙咖啡店"。店铺摆放各种各样的咖啡生豆，自己烘焙，新鲜销售，还是十分抢眼的。

❖ 老友记桌游汇

这样的店铺，可以让顾客深刻体会一杯好咖啡是怎样炼成的！从咖啡生豆到豆子在烘焙机翻炒的过程，再到一杯香气扑鼻的咖啡呈现于面前，可谓大饱口福的同时也大饱眼福。

经营提示：拥有良好的烘焙技术，同时也具有良好的咖啡生豆供货渠道，这对于经营一家专业的"自家烘焙咖啡店"至关重要。此外，在经营中，除了店内享用咖啡外，还可对外兼营咖啡豆、咖啡相关原辅料及咖啡器具的销售，这种类型的店铺，可算是咖啡馆投资中的专业级的。为了提高销售业绩，同时在网络注册一家网店，也是非常不错的，增值的同时也扩大了小店的影响力。

投资提示：投资人自身深厚的咖啡烘焙技术，以及广泛的进货与销售渠道，构成了此类店铺的盈利关键。

参考店型：北京烟袋斜街咖啡沙龙。

推荐理由：这家店绝对是北京乃至全国咖啡圈子的专家级店面，咖啡豆均采用现场烘焙方式，使用自家烘焙的绝密配方，能带来一种绝佳的咖啡享受。

◇ 位于北京烟袋斜街的咖啡沙龙，一家可看到现场烘焙的精品咖啡小店

古典怀旧咖啡馆

这种类型的店面也是最为广泛的咖啡馆类型之一了。店铺装修风格富于变化，或是侧重古典文艺风格，或是侧重老物件的旧时光风格。小到一个门把手，大到一整面墙壁，都渗透着店家的文化内涵，在这里算是彻底领略了"一切与咖啡无关"这句名言。我们已经忘却了来的是咖啡馆，因为这里更像是一座艺术的殿堂；我们甚至忘记了喝的是咖啡，因为我们品味的是"安静"、"友情"、"亲切"、"随性"、"真实"与"自然"。

投资提示：合适文艺类型的混搭可谓这类咖啡馆的经营核心要领了，老照片、旧物件、童心未泯的小人书、儿时玩具，在这里都会变成吸引人的亮点。但需注意的是，所有环境的布置，都要围绕经营，否则，那些中看不中用的咖啡馆，也不属于本书重点推荐的范畴，所有环境氛围的营造，根在经营！开一家自己喜欢、顾客也喜欢的、能够盈利的咖啡馆，才是此书的成行目的。

参考店型：长春光阴咖啡馆

推荐理由：咖啡馆里到处是 20 世纪 60~70 年代的东西：桌上放着 12 英寸的黑白电视，角落里立着大喇叭留声机，地当间儿搁着缝纫机、高脚木板凳；架子上罗列着大搪瓷缸子、粗瓷碗，各式各样的老式钟表；抽屉里藏着铁皮文具盒、包装简陋的橡皮泥；墙上贴着大胖小子年画、三好学生奖状；台子上则肃穆地摆放着毛主席半身石膏像……难怪店主说："我开店，其实就是想表达自己的一种生活态度，即人应该活得更朴实、更自然。"其实，同样生活在城市里的顾客也何尝不是如此地怀念过去的旧时光呢？

咖啡书语

咖啡＋书＋音乐，估计是所有咖啡馆类型里最为经典的组合了。咖啡香振奋精神，书香陶冶心灵，而音乐则是这两种精神"良药"的"药引子"。咖啡馆将三者完美地组合在一起，让人痴痴入迷、心驰神往。这类型的店面也有很好的普及性，适合很多初创的中小型投资人涉足。咖啡书语式咖啡馆独特的人文气息，也吸引着众多文化人竞相进入，从而成为城市最为独特的景致之一。

◇ 长春光阴咖啡馆　　　◇ 光阴咖啡
大厅一角

投资提示：如果有很好的书籍供给渠道，直接以适当折扣在店内销售新书是非常不错的方式，但是书籍的选择是非常关键的，不要随便选择一些报刊或是快餐读物，要有大概的范畴，要符合咖啡馆的主题定位。如果你没有书籍的供货渠道，则可以购买很多书籍摆放其间，也会成为店铺最大的特色和亮点，要知道书籍有时不

◇ 长春光阴咖啡馆里浓浓的怀旧气氛

是用来"读"的，而是用来装饰的。书籍装饰最大的优点是花费便宜、品味信息足够、获取的渠道很广泛，例如，从旧书市场或者地摊儿都能获得。旧书的选择可以十分丰富，经史子集都可涉及，并且旧书的效果有时比新书的效果更好，旧书能产生"有人来过"、"有人看过"的"人气效应"。

参考店型：北京 798 艺术区旁观书社。

推荐理由：这里是 798 艺术最为成功的商业模式，可以说是书 + 咖啡 + 音乐的绝佳组合。

咖啡器具专卖店

如果你真的对咖啡非常痴迷，同时有丰富的咖啡馆朋友圈子，但是又缺乏足够的资金，开家咖啡器具的主题专卖店也是不错的模式。不要小看这样的一家小店，可谓"麻雀虽小，五脏俱全"呢，琳琅满目的咖啡杯、咖啡壶、五颜六色的咖啡糖浆加上各种咖啡吧台的相关调料就组成了一家咖啡器具与原辅料的专卖一族，抑或是两者兼而有之。所谓"麻雀虽小，五脏俱全"，小而全、小而精，是这类小店的竞争利器。

❖ 北京798艺术区内的旁观书社

参考店型：北京咖啡小镇咖啡器具专卖店、北京建外 soho 爱仕达咖啡器具专卖店。

推荐理由：咖啡小器具很精良、品种很多，且咖啡味道地道。

休闲小资咖啡馆

这种咖啡馆，其实很难定位，因为的确归类很难，这种店铺没有明确的主题特征，它们往往有一个主题或是多个主题混搭。但是顾客群却是明确懂得生活的城市小资群体，

❖ 北京建外soho的爱仕达咖啡器具专卖店

装修风格大多比较舒适、有情调，或简约，或复古，或偏中，或偏西，而无一不在迎合年轻的城市小资精英们。

投资提示：定位的不清晰，容易让顾客产生模糊的记忆，但是同时也容易吸纳更广泛的消费群体，这是此类店铺的优势。这要根据每家店铺的投资人自身的眼光以及独特的视角来判定了，但是仍然建议你一切要围绕着"经营"二字来运作，经营什么呢？什么才是你贩卖的产品？什么人才是你贩卖产品的对象？这几点是尤其需要重点思考的。

参考店型：杭州写意时光咖啡。

推荐理由：内部环境如同它的名字般富有诗意和情调。

网络主题咖啡馆

坐落在大城市写字楼群的咖啡馆中的消费者，往往同样是网络人群，由此开设一家网络主题风格鲜明的咖啡馆，绝对很容易讨得"IT人士"的喜爱。

投资提示：网络主题咖啡馆针对的人群，往往是两种，一种是较为高级的IT白领，一种是普通的IT职员，两者的收入水平不同，造成了不同的餐

◆ 杭州写意时光咖啡

饮定价及环境的舒适度。当然，既然是网络主题店，便捷的网络设施是必不可少的，如无线上网。网络主题风格饰物则是最佳的咖啡馆装饰品。总之，网络

空间给了我们充满无限遐想的空间。在这里只有做不到的，没有想不到的，这就是来一家网络咖啡馆消费的独特魅力！

参考店型：北京中关村 3W 咖啡。

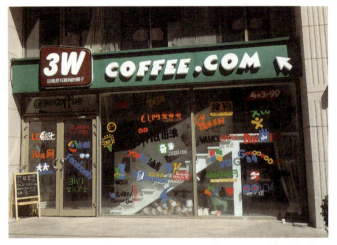

◇ 位于北京中关村的3W咖啡

推荐理由：装修极具"网络概念"，墙壁上由"马云、乔布斯、马化腾"等IT名人的铅笔画组成的"超级马里奥"图案十分有趣；厕所内用键盘布置的墙壁也很有新意。

摄影主题咖啡馆

丰富的图片绝对最能吊起顾客的观赏胃口。而一家特色的摄影主题咖啡馆，则能让顾客在欣赏照片的同时，还能有美味的咖啡享用，可谓一举两得！

投资提示：如今，便捷的数码设备给顾客提供了"随手拍照"的快感。这也就有了丰富的照片来源，精选这些照片汇集于一处，就可形成一家不错的摄影主题咖啡馆。这里的照片可以是店主专业的旅行照片，也可以是网络精选的各类趣闻照片，也可以是各种主题的摄影作品，如果再结合一些摄影的器材、摄影的书籍，

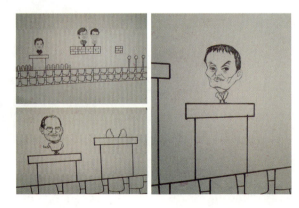

◇ 3W咖啡墙壁上有意思的简笔画，乔布斯、马云、丁磊、马化腾，超级马里奥般地跃然墙上

或者是摆放一架老的摄影机 / 照相机，就更能让顾客有亲近感。

参考店型：北京三里屯鱼眼咖啡。

推荐理由：蓝白色的装修风格能很好地衬托"camera"（摄影）的主题，简约而不简单，咖啡产品还十分好喝。

这些现实中的咖啡馆，是否已经让你的梦想更清晰了呢？梦想描述出来了，就"骑驴看唱本，走着瞧吧"。

❖ 位于北京三里屯的鱼眼咖啡

只属于自己的咖啡梦

——描述关于咖啡馆的梦想，在现实中找到你的梦想参照物

我们期待着梦想照进现实，对于咖啡馆而言，我们首先要明确的是，我们梦想中的咖啡馆到底是什么样子的。

通过如上对四个类型的咖啡馆的描述你心中的咖啡梦应该更加清晰了。有了这些现实生活中的咖啡馆作参照，我们的思路也会变得更清晰，距离我们开家咖啡馆的梦想也就越来越近了。

我们再通过图表简要对比一下这四类咖啡馆。

❖ 位于北京三里屯的鱼眼咖啡

咖啡馆类型对比

类型	行业代表	面积/平方米	店址需求	针对顾客群	产品结构	投资忠告
复合式咖啡厅	上岛咖啡、迪欧咖啡、两岸咖啡等	500~2000	高档住宅区、商务区、写字楼群、城乡结合部	针对不同的价格定位,顾客群体也有所不同。一般为商务人士、成功人士及部分中青年白领	产品丰富,咖啡、茶、果汁俱全,中西餐兼营	需要一定的停车位,需要较好的专业人员储备
中型咖啡馆	雕刻时光、第一客厅、研磨时光	150~300	学院文化区、高档住宅区、商务区、写字楼群	文化人、小资群体、年轻人、学生、海归	产品较为丰富,以咖啡、茶、果汁类吧台产品为主,辅助糕点及中西简餐	
小型商务咖啡馆	星巴克、咖世家、耶仕咖啡	200以下	高档住宅区、商务区、写字楼群、高档商场	商务人士、成功群体、精英、海归、外国人	产品相对较少,以咖啡产品为主、兼营茶类果汁冰品,辅助糕点,并适当组合部分咖啡相关器具及豆子	由于店铺小,经营品种单一,所以对店铺位置的要求更高,高档写字楼及高档住宅的房为首选,而此地段住宅租也非常高,需要作很好的资金回笼分析
个性小咖啡馆	南锣鼓巷咖啡群体	150以下	学院文化区、旅游区、高档住宅区、商务区、写字楼群	文化人、小资群体、年轻人、学生、青包客、时尚一族	产品类别丰富多元,饮品以咖啡类相关产品为主,一般餐点简单,以糕点类为主	此类店铺的个性,往往来自投资人的个性的坚持,同时此类店铺由于大多位置不够优越,需要投资人或管理人员能备一定的营销推广能力,方能招来更多的顾客

我们再来看看，这四种咖啡馆对工作人员、投资人方面的要求，以及行业发展的趋势。

咖啡馆类型对比			
类型	对工作人员要求	对投资人要求	行业趋势
复合式咖啡厅	所需工作人员较多，一般20~30人，组织结构较为完善，分工较为明确。需搭配较好的厨房人员以及综合性管理人员	拥有较好的资金实力及当地人脉关系，爱好餐饮，懂企业经营为佳	由于大城市租金越来越高，开始逐步转向三、四线中小城市发展；此外，现在人力招聘难度较大，对于首期开店，合理的管理人员招聘是个关键
中型咖啡馆	所需工作人员较少，一般5~15人，具备基本组织结构，对咖啡制作人员要求较高	具备一定的资金实力，有一定的文化修养，爱好咖啡，懂企业经营	由于面积弹性较大，经营项目较为丰富，拥有较好的市场前景，生存空间较大
小型商务咖啡馆	所需工作人员少，一般5~8人，组织结构简，对咖啡制作人员要求较高，并注重人员素质搭配	具备一定的资金实力，爱好咖啡，懂企业经营	有世界顶级咖啡品牌的疯狂扩张作为带动，此类咖啡馆发展会更加迅猛，不过由于其对目标顾客要求较高，所以仅适用于发达城市或是城市的发达商圈
个性小咖啡馆	投资人直接打理或搭配员工，一般3~8人，组织结构精简，对咖啡制作人员要求较高，注重管理人员的营销及顾客互动能力	有一定的文化艺术修养，具备鲜明个性，爱好咖啡，具备店铺的营销能力	现代人越来越注重个性，加上创业的热潮，此类型的咖啡馆必将越来越多，但是由于其吸引的也是个性群体，所以对营销及所在城市商圈的消费群体心理把握要很精准

通过以上篇幅的描述，相信我们对自己心目中的理想咖啡馆，已经有了一个清晰的认识了。而由于复合式的大型咖啡厅，相对而言启动资金更大，人员需求更多，操作经营的难度也较大，篇幅原因，本书不作为重点探讨，只在作其他几项咖啡馆类别的对比时捎带分析。本书把中小型咖啡馆以及个性小咖啡馆作为重点分析，以便让你自己的咖啡馆投资路线更清晰。

谈到这里，我还想补充一点，这是我在做咖啡馆投资咨询管理工作时，时常听朋友们问到的，同时我也的确在现实生活中看到了类似的行业案例：很多城市除了类似上岛咖啡格局的复合式咖啡厅之外，没有其他合适类型的咖啡馆作为参考，所以有的投资人就模仿上岛咖啡的样子或者模式开设中小型咖啡馆，结果非常不理想。还有一部分朋友向往星巴克类型的商务咖啡馆，就加盟了一家类似品牌的商务咖啡馆，却开了家近千平方米的复合式咖啡厅，结果也很不理想，原因何在？所以一定要选好合适的参照物，这点很重要，这在下面的章节会详细分析。

为梦想取个响亮的名字

——如何为咖啡馆命名

很多时候，我们进入一家咖啡馆，完全是被它的名字吸引的！这也是中小型咖啡馆的独特魅力，门面虽小，但是的确诱人！

咖啡馆的名字，对于整个店铺的经营尤为重要，它是顾客识别我们的第一步，所以在咖啡馆的命名上一定要朗朗上口，容易记忆，同时要符合我们自身的商圈定位。同时，很多个性化的咖啡馆还带有深刻的主题意识，这和我们的主题装修是一致的，这也和我们投资自身的个性化定位相统一。

一般中小型咖啡馆的命名具有如下特点。

字母命名

洋气十足，国际感强，这类型的店面，我们从"STARBUCKS"（星巴克）、"COSTA COFFEE"（咖世家）、"KFC"（肯德基）这类洋品牌身上能够得到深刻的印证，使用英文或者西方语言单词，有诸多好处：一来突出咖啡馆是源自西方文化的概念，毕竟是舶来品嘛；二来容易产生与国际接轨的感觉，这有助于吸引外国客人、海归人士以及在合资公司工作的白领群体。同时，有质感的字母作为招牌，也体现出一种简约及专业质感。除了这些国际大品牌，此类店铺在北京、上海、苏州、杭州等发达城市也十分常见，此类型店铺往往开设在高档写字楼的密集区域，装修设计较为国际化，富有西方的质感，风格简约，商务气息浓厚。

注：以此种方式命名的店铺，在吸引高端顾客群体的同时，也需要注意的是，这个顾客群体也拥有较高的品牌识别能力，他们更容易拿这样一家洋气十足的咖啡馆和国际大品牌相提并论，他们对店铺的管理要求、产品要求、环境要求还是相对较高的，所以在开店时，如果你没有足够的经营管理能力，还需要慎重考虑。

❖ 几个以字母命名的咖啡馆

效仿连锁品牌

向成名已久的连锁品牌借力，能让顾客迅速找到近似的消费欲望，能使顾客产生亲切感。例如，很多市场上叫"xx 岛"的咖啡厅，大多就有近似上岛咖啡的嫌疑，再进入其中，装修风格以及产品定位上也的确有很多上岛咖啡的影

◇ 效仿上岛的绿岛咖啡

子。例如，我们在市场上能够见到的新岛咖啡、爵士岛咖啡、西堤岛咖啡等，无论从经营上，还是装修风格上，都与上岛咖啡十分相似。这样的定位，很容易让顾客找到"上岛"的感觉，自然亲切很多，如果加上全新的舒适装修、更好些的服务及产品，自然容易赢得顾客。

注：取此类名称的店铺，在享受和连锁品牌比肩的同时，也需要注意我们前面章节提到的大咖啡店与小咖啡店的内容。对于一家面积一两百平方米的店面，其实大可不必让顾客找到 800 平方米"上岛"的感觉。

个性化命名

采用个性化名称来命名一家自己喜欢的咖啡馆，是目前大多数中小型店铺的首选！而命名的方式及题材更是多种多样，有以书籍命名的，有以电影命名

◇ 从左至右依次为：窝塔罗咖啡、巷口咖啡、蒲公英咖啡

的，有以植物命名的，也有以个性词语命名的。这些名称往往透露出店家的精心与细致，同时又有店铺的主题相互应和，可谓相得益彰。

例如，北京著名的咖啡馆品牌——雕刻时光咖啡馆，名称来自苏联导演安德烈·塔可夫斯基所写的电影自传，店铺墙壁上悬挂各种电影的海报，来迎合其电影主题。

此外，还有济南三楼上的猫咖啡馆，苏州的啡舍 (Fisher) 咖啡馆和抽屉（DRAWER）咖啡馆，杭州的雏菊咖啡馆和坚果咖啡馆。

写一份关于咖啡馆的计划书

——有条理的计划能够确保向目标顺利靠拢

有了开一家咖啡馆的梦想，找到了欧洲咖啡馆文化的源头，在现实生活中找到了美丽咖啡馆的影子，下定了决心做一家咖啡馆的老板，那么接下来就是列一份属于自己的咖啡馆计划书了。

与其说是份咖啡馆计划书，还不如说是罗列一下自己筹建咖啡馆的流水账。有了这样一份流水账，开一家咖啡馆就足够清晰了吧。有了这样一份计划书，可以很好地理清思路，划分好时间节点，可以有效督促自己及相关人员积极开展工作，就能早日开启自己的咖啡馆了。

咖啡馆的计划书				
序号	项目	说明	时间节点	备注
1	定位描述	详细描述你心目中的咖啡馆样子，这是整个项目计划书最关键的一环	月 日至 月 日	
2	现实中咖啡馆参照	在现实生活中找到符合或者接近你心目中咖啡馆样子的店，同时，在反复与它们接触的过程中，你会不断地迸发出很多灵感	月 日至 月 日	
3	资金筹集	通过罗列房租、装修、家私、设备器具、首期食材、广宣费用、证照办理等各项开支来预估投资额度，同时也可以考量资金的来源，并进行预估营收分	月 日至 月 日	任何投资都是有一定风险的事情，把所有资金都赌到自己并不擅长的咖啡馆项目上，并非上策
4	店址选择	把描述的咖啡馆套用到你选定的位置上，去预估营业情况，或者寻找你理想的位置。选址过程中、房租、房屋结构、商圈、广告位等都是最基本的考察条件。当然，还涉及如何找到理想的店址的问题	月 日至 月 日	
5	装修风格及与施工方接洽	把描述好的咖啡馆形象通过设计师的笔描绘出来，确定风格定位，并接洽施工单位谈判施工价格及工期。这一项尤为关键，因为硬件设施的合理布局，直接决定了日后的运营效果，这也是顾客对咖啡馆的直观印象，他们会因此决定是否去你那里喝咖啡。而对于过小面积的个性咖啡馆，其实我们大可"自己动手丰衣足食"，不过，前提是你一定要多走访几家"参照物"，吸取其中的装修/布置经验，而对于吧台/厨房部位的装修布置，一定要找个行业资深人士咨询一下，以免造成日后经营上的烦恼	月 日至 月 日	通常的装修工期会达到40~60天，所以尽量争取房东一部分装修的免租期是十分必要的

续表

序号	项目	说明	时间节点	备注
\multicolumn{5}{c}{咖啡馆的计划书}				
6	人员招募	招募前要定位的是管理架构及所需人数，还需考虑招募的渠道。一般会首先考虑咖啡馆的核心人力，如店长、咖啡师、厨师、采购及财务人选，其他人员可根据情况逐步加入	月 日至 月 日	
7	经营项目定位	核心产品是什么，辅助产品是什么，兼营产品是什么？进行价格确定以及菜单设计。同时，还要考虑这些产品原材料的供应地、市场询价，以及这些产品的相互组合是否得宜，以及员工能否良好地出品制作。要知道，并非产品越丰富越好，这还会影响到产品相对应的出品器具以及出品流程和备货问题	月 日至 月 日	
8	项目命名及证照办理	第一时间想想咖啡馆的名字吧，吸引人、朗朗上口、让人记忆深刻、符合自己的装修理念、符合自己的精神定位，就是上好的名字，当然，还要考虑此名称证照办理时是否能够通过，尽早确定证照办理的流程，提前做好符合相关规定的准备	月 日至 月 日	

第二章
就想成功经营
一家咖啡馆

　　每一个梦想都应该被实现，咖啡馆的梦想也不应有例外！有了咖啡馆的梦想，那就想办法让梦想照进现实吧！准备资金，选好店址，做好装修准备，找好合作伙伴，准备让你的梦想咖啡馆开张吧！好吧，这一章就是要告诉你，开一家咖啡馆到底要做什么样的准备。

他/她坐在咖啡馆最靠近门的座位上，仔细观察每一位出入的形形色色来喝咖啡的人，每一次的目光对视都流露出亲切与真诚。

他/她站在咖啡馆吧台里，忙碌着给顾客找零结账，并协助咖啡师制作咖啡，还要跟年轻的小伙子们不断地、欢快地通报着很多咖啡的专有名词："玛琪雅朵一杯"、"double 的 espresso"、"美式不跟糖"……

他/她一大早就赶往水果市场，就为"抢到"最新鲜的水果或蔬菜，还要不停地跟小商贩为了上次少了斤两而讨价还价。

晚上咖啡馆打烊了，店铺外面的灯光只剩下了路灯，他/她还是忙活着把所有的椅子轻轻地扣放在桌子上，以便好好清洁一下容易被糖粉弄污的木质地板。

忙活了一天，下午的时间，他/她终于可以歇歇了，亲手做一杯只属于自己的热拿铁犒劳自己，来一份小点心，找个安静的角落，找一本最喜欢的书，做回自己，静静地、舒舒服服地品着咖啡。

他/她是谁？

没错，他/她就是咖啡馆的老板！

怎么样？你是否也想像他/她一样？

准备好了吗？开始学做一个咖啡馆老板吧！

准备好做个咖啡馆老板！

——咖啡馆老板的基本特质

不知道谁第一个说出的这句话：爱一个人就让他/她去开咖啡馆，恨一个人也让他/她去开咖啡馆。这句话很贴切地描述了一个咖啡馆经营者的实际状态，享受咖啡馆带来的悠闲与静怡，也必将为此不断地付出心血。

咖啡馆老板的九个基本特质

知识修养 咖啡馆不同于普通的餐饮生意，它是一种文化事业，是一种品位消费项目，所以咖啡馆老板自身的学识修养，也很容易影响到咖啡馆的经营。因为大多数的中小型咖啡馆，由于经营面积小，会更加突出店铺的舒适和品位，而一个没有品位的老板怎么能经营出一项有品位的事业呢？

独立自主的个性 可以说老板的个性就是个性主题咖啡馆的个性，这种特质是该类型咖啡馆的第一竞争力，由于中小型店铺大多以单体店为主，这些店铺往往会带有老板鲜明的性格特征。通过在店铺适当释放这些性格符号，会吸引拥有同样性格特质的顾客群，进而不断地吸引更多人气，从而给咖啡馆注入独一无二的"性格符号"魅力。

勤劳、认真、执著 餐饮业是个勤行，早上九点就要开店，有些店铺甚至还有早餐，晚上要营业到十点以后，甚至十二点以后。这还不包括去菜市场，以及打烊之后的卫生清洁工作。所有这些工作尽管有聘请的店员，但是对于很多中小型咖啡馆来说，由于店员少，这些还是经常需要老板来参与的。尤其是店铺筹建初期，工程装修、家私定制、装饰物品选择、音乐选取、产品制作、设备材料供货等，哪一样都少不了老板的身影。老板不全情投入根本无法进入到良好的经营状态。

细心和敏锐的洞察力 熟客是中小型咖啡馆最主要的生意来源。这些熟客很多都是生活的地方或工作的地方距离咖啡馆不远，他们的脾气秉性、饮食喜好，需要我们认真地研究观察，只有这样才能牢牢地抓住他们的心，而由此带来的良性人文氛围则会变成咖啡馆赖以生存的精神财富。

勤学好问 首次投身咖啡馆事业的老板们，大多是门外汉，甚至很多之前连咖啡都是很少喝，此时，就需要多学习相关书籍，多走访相关的咖啡馆，多

找资深的从业者学习交流。千万不要因为自己是工程、房产领域的管理能手，而轻视咖啡馆的管理，事实上，很多工厂老板、企业高管出身的咖啡馆老板们会更加头痛于为什么自己管理得好偌大的工厂或企业却管不好这只有七八个人的咖啡馆。

耐得住寂寞 首次投资咖啡馆是令人欣喜若狂的，一切都是那么新鲜，而新鲜过后，一段时期内往往会伴随着枯燥与乏味，几乎会天天在那个"巴掌大"的空间打转转，还要不停地处理那些员工之间，员工与顾客之间，以及与供货商之间的琐碎事务，如果再加上初期店铺的经营效益不够稳定，肯定会让你有种无所适从的感觉。此时，化解这些心理／生理困惑的最好方法就是想办法让自己喜欢上咖啡，喜欢上与顾客交流，这是咖啡馆生存的唯一通道！

喜欢交流，爱好交友 咖啡馆就像一个独立星球，形成了一个独立空间，这里的人们思绪四溢翻飞。与其说这里是个喝咖啡的地方，倒不如说这里更像一个思想交流的平台。顾客来这里放飞思绪，或与友人侃侃而谈，或读书创作，甚至是发发呆放松一下精神，而这种氛围的营造都少不了老板的带动，以及身先士卒而引领的一股人文风气。

乐观、亲切、健康 几乎所有的咖啡馆都在试图营造一种轻松、休闲、自在、温情的氛围，而这种氛围的营造，首先就需要店铺老板的带动激发，由此形成的吸引力简直大得不可估量。

足够的咖啡知识储备 身为咖啡馆的老板，怎么能缺少专业的咖啡知识呢？做咖啡馆的老板可没那么简单，是真的要"上得厅堂"与人分享咖啡知识，还要"下得厨房"自己会煮咖啡，一来方便招呼顾客，二来还可在咖啡师人手不足时补充人力。而丰富的咖啡知识是咖啡馆老板的必备条件，本书就不多作介绍了，你可以去书店或者网上查找相关知识。

此外，还需储备一定量的有助于咖啡店经营的知识，包括以下四个方面。

◆ 咖啡机电器设备的维修机保养知识。

◆ 简单的网络操作知识，如建立微博收发信息，运营网络发布店铺活动等。

◆ 文案撰写及平面设计，能够写些吸引人的文字或者编辑图片，甚至是摄影，这对于小咖啡馆的经营来说是有极大帮助的，吸引人的文字与图片，绝对吸引顾客眼球，如果这些都不擅长，那总要学会写写黑板字吧。

◆ 产品研发知识，这包含烘焙咖啡豆、自己烘焙些甜点饼干，这些都是极其讨好顾客的能力。

现在你是不是感到经营好一家咖啡馆没有想象的那么容易呢？的确如此，经营咖啡馆可不是说谁有钱谁就能做好的。当然，必要的资金是一个重要方面，更为重要的就是要把咖啡馆经营出一种味道、一种感觉，这种感觉和味道，不是来自那些制作咖啡的咖啡师，而是首先来自咖啡馆的老板，是他／她们赋予了咖啡馆灵魂。

钱！钱！还是钱！

——谈谈咖啡馆的投资预算

投资一家咖啡馆需要多少钱？多少钱才能收回投资？这是我在开设网络咖啡馆投创咨询时的常见问题。就我个人经营来讲，投资一家咖啡馆可能不需要太多钱，15 万 ~30 万元即可，但也可能投资很多钱，100 万元、200 万元也有可能。这取决于所在的城市、所在的商圈，取决于所开设咖啡馆的经营定位，当然也取决于你的装修设施及设备的投入。

而预估一个理想咖啡馆的投资金额是投资计划的前提。所谓有多少钱，做多大事。做事前要先看看这个事情需要多少钱，自己能否承受得了，再作打算。

咖啡馆前期投资的资金组成如下：

◆ 房屋租赁及租金；

◆ 工程设计及施工；

◆ 家私设施；

◆ 产品设备及器具；

◆ 首次原物料；

◆ 证照办理费用；

◆ 前期人员工资支付；

◆ 广告宣传投入；

◆ 流动资金。

此外，还有些相对小额的费用，如菜单设计及软性装饰等费用。

当然，如果是转让店面，还要涉及转让费用（房租转让或者是带设施设备的转让，甚至是经营中的店铺整体转让）。

通过罗列这些资金组成项目，我们就可以预估整家咖啡馆的投资额度了。有了投资金额，即可估算我们的营业额及资金的回收情况了。

营业额 = 人均消费 × 上客数

利润 = 营业额 − 运营成本

运营成本 = 房租 + 食材成本 + 人工 + 水电费 + 税费 + 广宣投入 + 杂项费用

食材成本 = 营业额 × 食材的成本率（一般为 25%~30%）

利润率 = 25%~30%

回收期 = 总投资 /（预估营业额 × 利润率）

房租到底多少是合适的？

这个还真的很难回答呢，因为地段不同，房租真的会有很大的起伏，但是依据我对超过 100 家大小咖啡馆经营的了解与观察，我发现每月房租超过每月预估营业额的店铺是肯定会赔钱的，而房租在预估营业额的 1/5 以下，相对经营风险会低很多，而房租在预估营业额的 1/4 以上，经营风险就开始增大。

理想房租应小于预估店铺营业额的1/4

为什么是 1/4 ？因为一家咖啡馆的主要支出为：房租开支（含物业）；人工开支；食材成本；电、税及各类经营杂项。食材成本是随着营业额变化而变化的，但食材成本无论怎么变化，对于一家经营正常的咖啡馆来说都在 25% 左右，甚至是接近 30%（这里重点是指以咖啡饮品为主，以食品为辅的中小型店），而房租是在建店之初就已经清楚了的，是日常店铺各项开支中相对变化最小的一个大项，如果房租都要占去我们营业额的 1/4 以上，也就是食材成本和房租开支一起要占到我们总开支的一半以上，那我们还怎么生存呢？因为千万不要忽视人工费用，难道果真如书上说的要自己动手煮咖啡"开夫妻店"吗？一个普通咖啡师每个月的工资都要在 2500 元以上，一个服务员的工资在省会城市低于 1500 元 / 月也不会有人来吧？这样算下来，人工开支还真的不是小数目，也真的不能忽略不计，自己放弃了原来的工作收入，投身于咖啡馆，难道不计算收入？难道真的可以这样"享受生活"？

咖啡馆培养期到底多久合适？

在城市里寻找一个合适开咖啡馆的商铺真的不容易，我身边有很多开咖啡馆的朋友，都是经过几个月，甚至是几年时间才找到合适的店面，适合开设咖啡馆的商铺可谓可遇而不可求啊。但是，如果遇到位置还不是很理想，商圈还不是很成熟的商铺，如建设中的社区 / 写字楼，或者刚开设的人流不稳定但在上升期的商场等，这些商铺到底可否开设咖啡馆呢？不租下来，可能商机随时溜走，若租下来，商圈不成熟似乎还要经历养店的时间风险。这个问题，我不

能一概武断判断，但是有两点建议，还是请你务必谨记，当然，前提是房租符合我的上限标准，同时硬件设施符合咖啡馆开设条件。

◆ 一定保持谨慎态度，不要轻信开发商 / 中介的"忽悠"，盲目投资，最后受伤的肯定是自己。

◆ 养店期最好不要超过 3 个月，上限是 6 个月。也就是说，从店铺试营业开始到进入健康运营（至少不亏损，各项工作进入正常轨道），上限不要超过 6 个月，最好 3 个月内就能让店铺步入正轨。为什么这么讲呢？以我这么多年开设咖啡馆及咖啡馆开店咨询的经验来看，绝大多数的咖啡馆投资人都是保持着一定的新鲜感来开店的，一旦在半年时间内都对咖啡馆的经营摸不到头绪，他们很容易"有病乱投医"，或者"前怕狼后怕虎"的，不敢宣传，不敢进行店铺环境设施改进，而减少人才引进，减少产品研发，甚至会降低产品质量，这时投资人的投资心态会产生极大的挫败感，他们会认为投资是失败的，从而引发股东分心，员工心态不稳，造成人员流失，甚至股东撤股，而一旦进入恶性循环，咖啡馆的命运也就岌岌可危了。

怎么迅速预估营业额？

尚未开店就预测我们的营业额对于我们的投资是至关重要的！尽管我们的判断并不是很准确，但是，知道了大概，就有了必要的心理准备。

同行类比

找到临近的一家同行，当然，尽量选取面积规模以及经营项目比较相仿的同行。在那里静静地呆一整天。数数对方的人流量、人均消费，就能大致知道对方一整天的营业额了。人流量计算，可以分时段来估算，并且选取周二、周四、周六三天，这样就可以清晰地知道一周内不同日期的人流量了。同时还有个小细节，由于顾客消费时段不同，客单价也有所不同，所以也要选择这三个日期的不同时段（一般选择早、中、午、晚四个消费时段），分别进行人均消费估算，用客流量 × 人均消费 = 营业额的公式，就很容易知道这家同行每天的营业额。知道了同行的营业能力，则可以预估我们的营业能力，进行模糊对比，例如，我们的环境、服务、产品、营销的优势劣势在哪里，对方在现有情况下，可以做到如此这般的业绩，换作我们又该如何呢？

投资导推

我们的投资额度是很清楚的，换句话说，我们的投资是有计划的，每年计划收益多少、投资多长时间能够回本也有自己的清晰打算，这样，每年、每月，甚至是每天的利润我们也可以估算出来。那么，我们每天的营业额自然也不难计算出来，用这些推导出来的营业额，结合我们预估的人均消费，可进而推导出每日的客流量，可以将这个推导出来的客流量和我们在现场评估的客流量进行对比，这也能清晰地给我们一个投资参考。

保本点预估

任何行业都有其内在的经营规律可以遵循比对，在我们的投资过程中，有很多费用是我们很容易就能提前预估到的。例如，房屋租金；人员工资，通过同行对比或对同行员工工资调查很容易获得；水电费用；税金及其他日常经营费用，这些费用很容易估算，当然这也组成了我们店铺经营的大部分开支，唯独食材成本需要特殊计算。可以根据以下公式逐步推导出每日的保本营业额，也即保本点。所谓的保本点，也就是每天做多少营业额才能使我们的收入和支出达到平衡。我们已知的行业数据是食材成本率 =25%~30%（纯商务类型的咖啡馆的食材成本率可达 25% 以下；而类似上岛系列的综合性咖啡厅，食材成本则往往会达到 35%，甚至 40% 左右）。我们以一个月为单位，演算一下每天的保本点。

店铺月收入 = 月支出时，达到业绩的平衡，我们假设每天的保本营业额为

X，食材成本率为 25%；

月收入 = 房租 + 人工费用 + 水电费预估 + 杂项开支 + 食材成本

30X= 房租 + 人工费用 + 食材成本 + 预估营业费用（水电费预估 + 税金预估 + 杂项开支等）

食材成本 =30X×25%

X=[房租 + 人工费用 +30X×25%+ 预估营业费用（水电费预估 + 税金预估 + 杂项开支等）]/30

到底投资要多大？

这也是网友经常问的问题，一个同行在其新书中放言，整个店铺的投资应控制在 2000 元 / 平方米以内，包含转让费、装修、设备、家具、租赁保证金，甚至还包含 3 个月的租金。我也参与了超过 100 家店铺的投资经营与管理，这个投资费用据我观察已经很难实现了，北京、上海、广州、深圳这些一线城市实现不了，在发达的省会城市也难以实现了吧。难道我们都要把咖啡馆开到巷子深处？不过，这位前辈的书中很多观点我是很认同的，咖啡馆的确不应盲目投资过大，也不应该盲目地追求"奢华"，正如书中所说"小是美好的"，小店小投资，小风险，这才是咖啡馆投资的上策！但是一家商务类型的小咖啡馆装修还是要考究的，百十平方米的投资也并非一二十万元可以做到的。

以我所接触及投资的商务类型咖啡馆及个性的咖啡小店来看，商务类型的咖啡店整体投资应控制在 2500 元 / 平方米以内，这里包含所有的设计装修、装饰、家私、设备、原物料等，但是却很难全部包含房租，因为商务类型的咖啡店房租随着不同的区域，真的起伏很大，装修档次嘛，我想接近宜家风格的沙发桌椅，应该不至于让你感觉丢脸吧？而对于一家自己开设的个性小咖啡馆来说，整体应在 2000 元 / 平方米以内，这里包含装修、装饰、家私、设备、原物料等，但还是无法包含房租，因为很多小型店铺的房租是按半年交的，甚至是按年交的，这会一下加大前期的投资。对此，一家面积 100 平方米的商务类型的咖啡店，不算房租投资 25 万元以内应该足够了。而对于一家个性的咖啡馆，不算房租投资在 20 万元内也绰绰有余了，如果自己在装修过程中能够亲力亲为一些，不盲目地追求豪华，家具尽量选用些实用性强的，装饰材料尽量简洁些，这个费用还能控制得更为得当些。

如何在投资上省钱呢？

第一，在店址选择上，要非常慎重，房租选择的原则，在上文我已经说了最好别超过预估营业额的 1/4，只要你的咖啡馆亮点足够，你就可以有更多的地点选择，或者具备更好的竞争条件。

第二，对于沙发桌椅，亲自去市场上询问下价格，小桌小椅，宜家风格的商务沙发，并没有想象中的那么贵，开家商务咖啡馆档次足够了，就别再去"镶金边"了，而如果是开家个性的小咖啡馆，其设施就更为简单了，可以选择二手货，便宜而有亲切感，顾客更容易接受，这能节省一大笔费用。

第三，装修设计。如果是商务类型的小咖啡店，估计你还真的免不了要请专人设计效果图、平面图、施工图，这还真的需要一笔费用。而对于个性的小店，我建议你多走访心目中的参照物，自己多画草图（注意标注尺寸，尤其是要考虑桌椅空间比例与营业额之间的互动关系），而吧台厨房的内部布局，我想资深点的咖啡师 / 厨师，他们会更有经验。

第四，轻装修，重装饰。小型咖啡店的经营主要靠环境和细节取胜，多几个书架，多些小绿色植物，多些情调小摆件，多些布艺装饰能起到很好的效果，而这些都不需要花费太多，尤其是对于一家只有 100 平方米左右的中小型咖啡店来说，这点投资绝对值得！

第五，设备、器具选择。我个人建议不一定要选择豪华的意式咖啡机，这些机器一般价格都在 2 万元左右，甚至 3 万元以上，对于初始开店来说算是一笔不小的开支，更何况你是否有好的咖啡师，以及当地是否接受这种咖啡形式还不一定。当然，如果条件适合选择一台比较实用的 2 万元左右的咖啡机还是相当不错的，如果条件不允许不如从手冲咖啡或虹吸式咖啡开始，这样投入会小得多。而对于各项器具来说，则可以多用心去市场或者网上去淘，在器具上花些小心思，这些是很能讨好顾客的。

地点！地点！还是地点！

——咖啡馆的选址与适合开咖啡馆的黄金地段

店铺经营的成功 90％ 源自选址，在商界有着"选址，选址，再选址"的口号，它强调选择一个合适的经营地点对于商业经营至关重要，对于经营咖啡馆来说，选址同样重要，所以投资前要谨慎作出选址决定，选址必须要经过商圈调查分析与评价。

虽然商圈调查评价技术与方法大同小异，但每一个商业领域都有着自己特定的选址标准，这些特定标准的形成凝结了特许总部长期积累的成功经营经验。所以说，没有成功经验支持的商圈调查、选址活动无异于纸上谈兵。

商圈调查工作所要解决的问题就是预测来店客数。调查方法分为现场调查与数据调查分析两大类别。对于该商圈已经有近似业态的店面，我们应多留心收集

边缘商圈

次级商圈
20％～25％
（4～5公里）

核心商圈
45％～60％
（2～3公里）

（8公里以外）

◇ 目标商圈

050

这些近似店的数据，来完成选址评价，最终确定新店经营地址。

选定目标商圈

商圈，是指以店铺的所在地点为中心，沿着一定的方向和距离扩展，吸引顾客的辐射范围，简单地说，也就是来店顾客所居住或工作的地理范围。

咖啡馆的商圈范围通常都有一定的地理界限，即有相对稳定的商圈。不同的咖啡馆由于所在地区、经营规模、经营方式、经营品种、经营条件的不同，使得商圈规模、商圈形态存在很大差别。商圈形态表现为各种不规则的多角形。为便于研究，一般将商圈视为以咖啡馆本身为中心的同心圆形。但是，切记！不可认为商圈就是以店铺为圆心而画圆的范围，因为商圈有可能由于道路阻隔将会被分割，如下图所示。

同样一个咖啡馆在不同的经营时期受到不同因素的干扰和影响，其商圈也并不是一成不变的，并且在预开设地点的周围很可能已有或将来出现竞争对手，经营业绩将会被竞争者所瓜分，所以对商圈的评估，并非一成不变，事实上是充满了变数，评估时必须面面俱到。

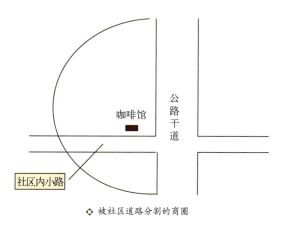

◆ 被社区道路分割的商圈

选择的商圈的好坏对咖啡馆经营成功的影响力，可说是关键中的关键，因为地点的好坏直接影响咖啡馆经营的成功率以及日后的经营发展，所以商圈的选择必须谨慎，且要调查清楚，方能开创自我的生存空间。

商圈的种类

商圈的特性依通常的习惯，常将实地环境分成下列几种基本类型。

住宅型 住宅区内的户数基本上需达两千户左右，如以1户3人来计算，则人数将达6000人左右。住宅区分为普通住宅区和高级住宅区，高级住宅区一般居住的人群为中高端的白领、外籍人士。

教育型 教育区的附近有大、中、小学等学校，其中以名牌大学和私立学校较为理想，因为其学生大多比较有钱，消费能力较强。当然，也不能忽视中学，有大学生和高中生集中的区域将更理想。但是，需要考虑的是学校寒暑假期间对经营业绩的影响。

办公型 办公区一般指办公大楼林立的地区，一栋办公大楼内的员工人数可能超过一两千人。办公区经营餐饮、咖啡馆的不利因素在于晚间和公休日对经营业绩影响很大。

商业型 商业区指商业行为集中的地方，由于前来的顾客数量巨大，形成各种商店聚集之处。

娱乐型 娱乐区指以休闲、娱乐消费为主的商圈。

综上所述不难发现，住宅区的顾客群较为稳定，而且一般性的消费也较固定，如再加上交通动脉的配合，可以为其增加部分外来顾客，将使该区的经营业绩有上升的可能。

但是，很多地区并非单一的类型，而是综合若干种基本类型的综合型区域。以雕刻时光较早期的5家店为例，我们不难看出这一特点。

咖啡馆	所在商圈类型	顾客类型和比例
魏公村店	教育型、住宅型、办公型	学生和老师50%（其中，中国35%，外国35%），白领40%，其他10%
香山店	娱乐型	主要为中高端白领和演艺圈人群
五道口店	教育型、办公型、住宅型、商业型	学生和老师60%（其中，中国10%，外国50%），白领30%，其他10%
丽都店	办公型、住宅型	白领70%（其中，中国20%，外国50%），演艺圈人群10%，居民20%
北航店	教育型、娱乐型	中高端白领50%，学生和老师50%

可以看出，雕刻时光咖啡馆一般适合选择综合型商圈，多为教育、高级住宅和办公型的综合商圈。由此也可以看出，雕刻时光咖啡馆主要针对的顾客群体为学生，尤其是留学生、白领和外籍人士。

目标商圈分析与调查

商圈分析是从宏观审视到微观评价的过程，是对商圈内未来经济状况、经营活动的预测；商圈分析不是对商圈现状的简单概括，而是要预测未来3年、5年甚至更长时间内商圈可能发生的变化因素。因此，商圈分析是对采取科学方法获得的数据进行统计分析，并融合总部以往的成功经验，预见性地解析决定经营成功因素的工作，并且这一工作始终以达到选址要求为目标。

商圈分析的要素

◆ 目标商圈地图；

◆ 确认可用建筑物所在地、店铺位置图；

◆ 店铺用房现状及租赁条件调查；

◆ 商圈的拓展性，有无计划中的建设项目、在建项目；

- 周边状况，如商场、学校、酒店、写字楼、住宅区等；
- 相似店、竞争店的密集程度与价格；
- 商圈内以及周边的人口数量、质量调查；
- 最近的车站、乘客人数，车站与店铺的距离和位置关系；
- 人流量调查，店铺门前主路、辅路、人行便道及通过店铺门前的客流数；
- 重点外卖对象档案；
- 商圈地图制作。

有利的商圈条件

- 目标人口众多，并且今后还有增加的趋势；
- 同类型店铺数量少，消费者有对咖啡馆的需求；
- 生活道路网已形成，交通便利；
- 附近有较大的停车场或拥有一定的停车位；
- 具有独立商圈性质，容易形成顾客对咖啡馆的依赖；
- 能够预测的其他有利条件。

预选店地址评估

选址基本要求：

- 开业后能够持续经营 5 年以上；
- 能够聚集足够的目标顾客；
- 出入方便。

调查方法

商圈以及地址调查的信息来源可以为分两大类：第一手资料和第二手资料。

第一手资料 第一手资料又称原始资料，是通过现场实地调查所搜集的资料。第一手资料针对性强，适用性好，但是需要投入较多的人力、物力、财力，成本较高。市场调查一般先从第二手资料开始，如果第二手资料不能解决问题，再收集第一手资料。

第二手资料 第二手资料又称间接资料，是他人为其他某种目的收集的已经加工整理过的信息。第二手资料获取的成本低，需要的时间短，但由于是他人为其他目的收集的，所以只能作为参考，如网络上搜索的信息、物业开发商提供的商圈资料等，如，百度地图、谷歌地图、E都市等都是不错的地图类型搜索工具，还有就是专门提供店铺转让租赁的网站，它们也有很多的店铺信息提供给我们，这有助于我们对商圈的整体判断。

不过，最好的收集数据的方式，我还是建议你多在目标商铺周边行走几遍，感受一下周围的人文气息，尽管对于"业余选址人员"来说，这种方法是凭感觉的，因为谁会否认这种灵敏的第六感呢？而爱好咖啡馆的人，哪个不是第六感发达呢？

常用附表

◆ 商圈可用建筑统计表

◆ 商圈基本状况调查表

◆ 商圈人口情况调查表

◆ 商圈交通状况调查表

◆ 预选店铺基本状况调查表

◆ 预选店铺竞争对手调查表

◆ 预选店铺前人流量统计表

◆ 预选店铺前车流量统计表

◆ 预选店址附近成熟办公区调查表

◆ 商圈主要人流集散地统计表

◆ 商圈内商铺分布明细表

常用附图

◆ 店址所在城市交通图（标注拟选址位置）

◆ 店址所在区域图（最好以自己手绘方式标注拟选址位置、商圈范围、交通状况、周边商铺位置和名称、主要集客点位置和名称、竞争对手位置和名称、主要办公区位置和名称、主要居民区位置和名称）

◆ 有关预选店址建筑的平面图等

以上的附图、附表，都不在本书详细罗列，原因有二：第一，很多网站上可直接下载使用；第二，对于单体店的投资来说，绝大多数的投资人是不用以上的"标准选址模式"来选址的，他们大多是凭个人的经验和感觉。但是我想说的是，就是凭"经验"或"感觉"也应有"根据"，以上的表格，从名称看就能估测其中的大致关注点，这就是我们"感觉"的"依据"。

附：某品牌备选店址评估表

环境/商圈评估				
商圈资料	行政区域		地址	
	地理位置	□主干道 □次主干道 □其他		
	商圈形态	□商业 □商办 □商住 □文化区 □社区 □其他		
	道路条件	□双向线道 □单行道	停车位	□无 □门口可停 □收费停车；车位 个
现场情况评估				
建筑条件	建筑结构	□高层 □砖混 □钢结构 □框架		
	楼层情况	该建筑共 层，目标店铺楼层为 层		
	建筑外观	□新 □旧，楼壁面为 □瓷砖 □水泥粉光 □金属 □石材 □玻璃幕墙		
	楼梯/出口	出口情况 □共用 □独立；楼梯宽 米，距离出口 □远 □近		

续表

现场情况评估		
店面条件	店铺面积	套内面积（实测）　平方米；面宽　公分;梁底距地面高　公分；柱距　公分
	室内/楼梯	梁底距地面高　公分，梁高　公分；楼梯为　□一形　□L形　□U形　□弧形
	通风/开窗	□正面开窗　□正面右侧开窗　□正面左侧开窗　□前后开窗　□其他
	一般条件	墙壁　□水泥粉光　□其他;地面　□水泥　□毛面　□地毯　□木地板　□其他
	辅助条件	□有线电视主线□卫星电视□电话入户□宽带□有空调外挂机安装条件
基础设施/消防	上/下水	上水系统　□有　□无，但可接入；下水系统　□有　□无，但可铺设
	排污管道	□有　□无但具备安装条件　□无且不具备安装条件
	排烟系统	□有　□无但具备安装条件　□无且不具备安装条件
	采暖系统	□水暖　□分体式　□中央空调　□燃气式取暖　□无，但具备安装条件
基础设施/消防	电压/电载	电压　□220V　□380V；电载　□90kW以上　□可扩容
	消防	□烟感　□喷淋　□消防栓
	安全	第二安全通道　□无，但具备改造条件　□有
广告位	门头广告	□无　□有，长　公分，宽　公分，离地　公分
	其他广告	□楼侧　□楼顶　□路牌　□骑楼
其他备注说明		

成功接手二手店

咖啡馆易手换主是常事，毕竟餐饮业是个容易上手的行业，加上利润可

观，后来者大有人在。接手一家生意不佳的餐馆，比"从无到有"的投资自然要经济实惠一些，还可吸取前人失败的教训。但从经营角度看，要面对重新招揽旧店失去顾客的问题，新店在感召力上会出现一点难度，那就是这些顾客的心中存有原先旧店的阴影，表现在对口味、服务的品质均较挑剔。所以作评估时，如果你缺乏正确的思考，只听一些不负责任的家伙推波助澜，那么，你迅速采取的任何行动都会显得匆忙。

当有意承接转让的咖啡店时，就必须留意以下各项注意事项，这可避免日后的麻烦，更免得失败后欲哭无泪。以下就是应注意及考虑的问题。

◆ 是否因该店的股东不和、集资不足引致经济周转不灵、经营受挫，而要将店铺易手？

◆ 是否没有妥善的经营方针并且缺乏完善的管理制度？

◆ 该地点是否不适宜开办咖啡馆、竞争压力过大、面临拆迁或者交通不便？

◆ 该地点或该楼宇是否不合规格，而被有关部门划为永不发牌照的范围？（如无排烟管道，无厕所设备，无安全通道，缺乏卫生及防火要求，不合环境保护规定等）

◆ 是否因治安问题（治安不稳或被某种势力或某种特殊人物所控制）而无法翻身？

◆ 是否与房东或邻里关系不佳，房租大幅上涨？

◆ 是否因同业竞争而本身条件欠佳，无法抗衡，而急需转让以求急流勇退？

除了以上问题需要好好了解清楚外，还一定要弄清房屋的真正房东是谁，房屋租赁合同是和谁签订？房屋租金是多少？租金的付款方式是什么？房屋租金是否递增？房屋租赁税是谁负责缴纳？

当然，房屋本身的消防设施情况、排水排污情况、燃气管道情况、排烟情况也要弄得清清楚楚才行。

以上还只是些常见的注意因素，还有更多的因素都可能造成业务停滞不前而急需转让。所以当有意承接该店时，应多加考虑，以小心从事为宜。

当你仔细考虑清楚之后，认定所有弊端均有足够的办法应付，解决之后，才可接受条件承接过来；否则，后悔晚矣。对易手店铺慎之又慎才是上策！

适合开咖啡馆的黄金地段

适合开咖啡馆的地段很多，但是要找到一家合适的铺面绝非易事，这里分享几个常见的，十分适合开设咖啡馆的地段。

学院派类型咖啡馆

所谓学院派，是因为这类型的咖啡馆，大多选择在高校附近开设，同时，店内装修风格学院氛围浓厚，主要目标顾客群体是学生、教师，或者由学校延伸出去的出版社、媒体人，以及社会上有学院情结的群体。

大学校园如浪漫的伊甸园，充满了人文气息与年轻的梦想！大学校园里，浓荫蔽日，曲径通幽，荷塘月色，湖边垂杨柳。走在两侧栽种着杨树或柳树的林荫道，总是给人无限的遐想！这里是年轻学子的天堂，也是学术的光辉圣殿，当然也孕育了校园里特有的无限商机！无论是校办的高中低档学生饭堂，还是私人的大中小型小餐馆，无一不是火爆异常，甚至校园里摊煎饼果子的、卖爆米花的都比一般市面上的生意兴隆！

事实果真如此吗？我不敢一概而论，只以自己所擅长的咖啡西餐形式的餐饮形态与大家分享一二。大学校园具有独特的消费氛围。例如，学生群体年轻化，大学生年龄多在 19~25 岁，容易接受新鲜事物；大型学院生源充足，学生体量大，客源丰富并且学生数量不断增多；高校学生整体素质高，对西方文化更容易接受；学生群体素质高，也相对容易满足其需求；学生群体具有一定的消费能力，尤其是如今的学生多为家庭独生子女，在家庭中具有独特的地

◆ 河北某大学校园内的咖啡馆

位，再加上在"穷什么，也不能穷教育"观念的影响下，"现在的学生普遍有钱！"已经是我们的惯性思维，这些因素极容易吸引西餐或者咖啡行业的投资者。所以不少大学校园，或者大学城内开设了西餐厅或咖啡馆，据我所知，如中国人民大学内的水穿石咖啡馆、中国农业大学内的"motion cafe"、北京航空航天大学的雕刻时光咖啡馆、南开大学湖畔的休闲茶吧等。不过据我观察，这些店铺生意普遍一般，大多处于微利边缘，甚至有些已经倒闭，例如，南开大学湖畔的那个休闲咖啡茶吧早已关闭多时，以致我连它的名字都无法记得；中国农业大学里有家老式烟囱改造的咖啡馆，真的很棒，周边绿树成荫，造型奇特，唯独生意普通；北京航空航天大学内的雕刻时光咖啡馆，紧邻网球馆，环境氛围良好，唯独生意业绩平常；中国人民大学内的水穿石咖啡馆，客流量一般不愠不火。

解释这些原因，我们还要先从学生这一群体的独特消费心理进行分析。

◆ 学生群体具有脱离枷锁、急于步入社会的心理。

中国的高校一般都是宿舍和学校为一体的综合型高校，以致有人说"中国的大学就像是个小型的社会"，所以学生们无论吃住行都是在整个高墙大院内完成。高墙大院总是无形中会给学生群体一种封闭而压抑的心理，加上高校学生还面临日后就业的压力，他们更渴望逃离枷锁，尽快融入社会，所以一般较为正式的行为活动（如生日聚餐），高校学生们一般都会选在校外进行，当然，因为考虑宿舍休息时间等方面原因，一般又不会选择距离学校太远的地方。一般骑自行车在 20 分钟内，甚至步行在 20 分钟内为宜。

◆ 保护隐私的心理。

校园内的餐饮设施，不利于学生个人隐私的保护。尤其是西餐咖啡厅，这类靠环境氛围取胜的餐饮业态，在校园中更扮演着男女学生谈情说爱的场所这一特殊功能。试想你和女同学约会在校园的某家咖啡馆，而隔壁座位上有可能是班主任老师，或者是情敌、旧友，突发的尴尬肯定让你消费的兴趣全无，所以男女学生往往会选择在校外场所消费，尽管也有"撞车"的可能性，但这个可能性还是小很多，此外，在校外的"撞车"和校内的感觉有很大不同。因为学生们都有"出了校门我们都是社会成年人了，大家都平等"的心理。

◆ 避免露富心理。

咖啡馆或者西餐厅，对于多数学生群体来说，还是消费较高，甚至在一些消费保守城市的大学生群体中，咖啡西餐厅消费还属于"烧包"行为。所以有钱的学生如果总是出入于学校内的咖啡馆，容易脱离群体，让人认为其有"故意显摆"的心理。

◆ 师生不同堂心理。

有意在高校内开设咖啡馆之初，高校内丰富的教师群体，一定也是你看中的丰富资源。不过很可惜你这次又打错算盘了。由于中国传统教育所推崇的"尊师重教"，以及高校师生的身份关系，一般师生不会在同一个营业场所出现。试想，你和女朋友或者同学就餐，谈论的话题难免就是些对"boss"（大学生对自己老师的称呼）们的高谈阔论，而冷不丁地发现原来你的"boss"就在对面坐着，估计你都想赶紧找个地缝钻进去吧？当然，老师们在咖啡馆消费时也会尽量避免类似事件的发生。所以不要想着能够在学校内开店就可以把老师、学生一网打尽！

◆ "打破牢笼"心理。

校园内的一切设施都是学校的，都带有学校特征，校内消费就是将就消费而已。

这个也是学生很典型的心理特点。学校内的一切设施给学生们的心理就是方便的、随意的、将就的。无论是日常的生活用品、文具百货，还是餐饮消费，均是如此。而咖啡西餐作为非生活必需品，偏巧就不能将就，更不能随便，所以要吃西餐，就找家校外更好的咖啡西餐厅好好享用一番。所以学校内的餐饮大多无一例外是快餐类型：盖饭、粉面、小吃、简餐小炒，绝对讨好学生。因为他们可以很方便、很便宜、不必担心"撞车"地"将就"一下，无非是填饱肚子而已。

此外，高校餐饮消费还有如下特点。

◆ 高校商业有明显的淡旺季。

我们进出校园，总是看到学校各类商业都是一片红火，是什么原因呢？原因很简单，因为你从来没尝试在寒假进入校园！如果不信，你可以在学校放寒假的时候去学校走走，你再看看那些商店生意还好吗？估计关着门的都不少！学校消费的淡季从两个假期算起会有近 3 个月的时间，一年仅 12 个月，只有 9 个月是相对旺季，并且在这 9 个月内，还包含不少大大小小的考试环节、天气影响等，这都会影响不少生意。

◆ 高校学生属于典型的有闲无钱族。

这个观点你或许不认同，你会自我感觉现在学生都很有钱，但是你如果仔细观察后，就不一定会如此片面地发言了。如今的中国学生，有的的确很有钱，也有很强的消费力。但是学生有钱，钱却不是来自他们自身，他们的钱往往是来自家庭的给予，所以使得他们的实际消费力还是会有一定限制。学生在消费时大多还是会算计一下，他们舍得去和同学们大吃大喝，舍得去买最好的溜冰鞋或运动衣，舍得花大价钱请同学参加自己的生日聚会，舍得花大价钱买张大片的电影票来讨好女朋友，舍得购买最棒的笔记本、mp5 等高科技的流行数码产品……但是他们真的舍不得天天花二三十块钱去喝咖啡（也可理解为喝"水"或者"烧包")。对于多数学生来说,因为钱来自外力,所以消费是有大致规划(也可以理解为大致的习惯)的。从这个角度分析,结合学生的消费力,相对于咖啡西餐厅来说,大学生还真的属于"有闲无钱"族,有的是时间,但是资金消费力和餐饮消费渠道有限!

◆ 校园西餐咖啡厅生意的好坏,取决于国外留学生比例。

国外留学生比例,直接决定了西餐咖啡厅生意的好坏,尽管高校的咖啡厅绝对不仅仅是开给那些国外学生的,但是如果国外留学生很多,绝对能够潜移默化地给其他国内同学带来西式消费心理的影响,会刺激国内有钱学生的西式消费欲望。这也是北京、上海等发达城市的高校,相对于其他地区高校周边西餐咖啡厅生意好做的一个重要原因。

◆ 外语类、外贸类以及理工科学生的消费力较其他专业强。

通过我的观察,如果高校主打专业是外语类、外贸类或者理工科,那么这些高校学生的消费力会相较其他专业强很多。原因是这些专业的学生要么好就业,要么就是热衷西方文化,尤其以外语类及外贸类学生更为突出。而从国内升学及就职经验来看,理工科以及语言类学生,社会活动也相对频繁,加上就业相对容易一些,他们的消费力自然也强一些。

◆ 学校学生的消费习惯和该城市消费习惯相近。

我们往往会认为学生群体容易接受新鲜事物,所以对于西餐咖啡这类"新鲜事物"他们自然也容易接受,其实这根本就是一个伪命题。因为饮食上的新鲜感对人的刺激往往不大,至少在中国,西餐咖啡的新鲜感远远比不上某城市出现了一个"干锅辣鸭头"或者"跳跳水煮鱼"给老百姓带来的新鲜感。学生群体,对数码产品具有相当的新鲜感,而对饮食的新鲜感,并没有我们想象的那么敏感,加上有些地方城市,饮食方面消费低,且往往是物美价廉,所以就更加容易淡漠西餐咖啡带给他们的新鲜感了。

以北京本土最有名的学院派咖啡馆——雕刻时光为例，当时在北京共有八家店铺，其中有五家分布在高档学府周边，例如，北京理工大学南门的雕刻时光理工大学店，以及北京师范大学南门对面的师大店等，均取得了不错的经济效益，在北京文化人群和学生群体中知名度很高。其中更有家雕刻时光店铺直接开到了高校内，即雕刻时光北航店，其日常营业额相较其他店铺则略差些（未考虑房租等影响，未考虑实际利润获取值），同样的知名高校，同样强大的品牌力，都出现这样的营业差异，这也恰恰证明了以上观点。

以上分析，也仅仅是我通过对国内少数高校内的西餐咖啡厅的营业观察得出，还不足以代表整体高校此类消费的所有情况，仅供大家参考而已。

你也许会质疑，某个高校的咖啡馆都开好几年了，如果生意不好怎么也没见倒闭？我的解释是如果你也能通过某些特殊关系拿到很低房租，也许可以试试！如果你就是爱好西餐咖啡，而不是以赚钱或多赚钱为目的，你也可以试试！

当然，还有一个观点，也分享给大家：顾客群是真实可见的，并且是巨大的，在于怎么经营而已。所以或许真的有更好的方法经营好一家校内的咖啡馆。

那么在校园开咖啡馆，需要注意哪些呢？

◆ 尽量不要在校园内开店，其中一个原因是外部的车辆进出不便，这也锁定了顾客就是以校园内的学生及教职工为主，这受到很多校园特有消费心理和习惯影响，所以优先选择临近校园的周边位置。校园周边比较适合开有特色的小店，考虑到淡旺季的影响，经营面积未必要很大，200平方米以内为宜；当然，房租是越低越好。学校周边的商铺大多是校产，所以多向校方咨询，有助于取得校方更多信任和支持，对于日后证照办理以及政府关系维护都有很大帮助。

◆ 距离校园不要太远，注意学生及教职工的出行规律，例如，要了解学生的住宿情况，一般研究生公寓以及博士生公寓是相对高的消费区域和群体；

多留意他们的消费方向，一般距离大门或宿舍单车距离在 20 分钟内，或者步行 20 分钟内为宜。

◆ 不要过分单纯地依赖学生消费群，临近如有数量较为可观的商铺或商业设施或高档住宅，该地址会更理想，例如，北京雕刻时光咖啡的五道口店，因为其丰富的客源而形成成其生意的火爆。这样也有利于抵挡学生假期造成的不利影响。

◆ 经营时要多与学生群体互动，例如，多与学校的学生会组织往来，你就会有很多新鲜的思路；另外，为学生提供"小时工"的工作机会，也能很好地亲近学生，并且会得到"学生服务学生，以彼之道还施彼身"的效果。

◆ 餐饮项目上多考虑适合学生消费的品种，做到种类适当丰富，并不断地花样新出，有助于形成回头客。

◆ 价格根据学校周边行情制定，学生群体是个独特的群体，其信息的广泛传播是相当快的，好的信息一夜能传遍整个校园，坏的信息也能很快传遍宿舍的每个角落。

◆ 经营上多考虑学生特点，例如，餐点名称上亲近学生，可设计满分套餐、学长套餐、学分果汁、大胃王套餐等；环境上可以设计成书房形式，多放些书籍，以及设置顾客留言板等；背景音乐可以选用学生群体中流行的音乐（当然也要符合餐厅定位）。

◆ 多和与顾客群一致的商家结盟，例如，学校内的电影院、图书馆以及社会上的一些演出社团、文化媒体等，都会对学生群体刮目相看，与他们强强联手，就能取得意想不到的效果。

◆ 重视网络宣传，以及口碑宣传。学生群体中信息的传递速度往往快到我们难以想象的程度，其中最关键的就是学生群体中的网络传递，例如，每个校园网站（校园 BBS），学生登录量都相当巨大。所以重视网络营销是针对学

生这个群体的好方法。如果你能想办法在校园 BBS 上时常发些软性宣传，效果绝对很棒，当然也可以通过网络的方式了解学生顾客的需求。

商务区类型咖啡馆

在商场、写字楼林立的商务区，时常可以见到咖啡馆的身影。国际大品牌更是把商务人士的集中区域作为开设咖啡馆的首选商圈，如星巴克、咖世家等。

商务区拥有高质量的消费人群，并且顾客群体丰富而充足，开设这类型的咖啡馆容易保证客流量，但是此类型商圈也因高额的租金让很多想开设咖啡馆的人望而却步。商务区域的咖啡馆又可细分为商场区及写字楼区两种类型。

在商务区开设咖啡馆还是有诸多的注意事项。

◆ 顾客群丰富并且集中，目标客户群较为明确，主力客户群就是来源于临近的几座写字楼或商场。所以经营手段也要注意加强，例如，定期拜访临近的办公楼；建立区域联系网络（QQ 群、社区论坛等）；销售时适度联合促销，如凭借工牌、名片可享有折扣或优惠；区域内外送服务等。

◆ 顾客群体素质较高，且消费力较强。这一商圈中的群体，尤其是喜欢去咖啡馆消费的群体，整体素质较高，甚至不乏很多海归及高学历者，消费力较强，但同时对店铺的管理要求较高，如店铺的卫生条件、店铺的服务质量、店铺的产品品质等，所以开设在这一区域的店铺尤其要加强内部管理能力。

◆ 信息传播速度快，促销节奏要加快。顾客群集中，目标客群明确，所以店铺的经营信息很容易在其群体中传播，当然，好信息传播快，差信息也传播快！所以一定要注意顾客消费信息的收集、顾客意见的反馈。例如，在北京可以通过大众点评这类网站，多与顾客互动交流，就能有效地与顾客建立联系。此外，自己还可通过微博、博客、社区论坛、QQ 群等方式，参与顾客互动，及时反馈顾客消费信息。

◆ 顾客群消费时段集中。一般，早上上班的高峰期，是这类型咖啡馆的一个消费小高峰，但此时段的顾客群体以外带为主，所以必要的外带器具、外带产品要准备充分，如果要提升此时段的业绩，应该丰富外带的品种，或者适当做些外带的组合，提升单笔的外带金额。午餐，尤其是午餐后的下午茶时段，也是此类型的消费高峰，逛完商场，或者用完午餐，来杯咖啡，提提神，赶走下午的困意，绝对是不错的选择。此时段也非常考验店铺的出品能力，所以人员搭配是很关键的。而对于晚餐时段以及晚餐之后，一般商场区的咖啡馆生意，主要是随着整个商场的消费人流而定，打烊时间也随商场的营业时间而定。

对于整个商务区的咖啡馆来说，如何稳定客源是个关键，因为顾客群体很集中，目标很清晰，此外，由于这个区域同类型的消费场所也相对集中，竞争较激烈，所以营销活动的开展也要多样化，例如，积分卡、代金券、新品品尝券，以及每日 / 周特价、每周 / 月新品发布等，要不断变化。此外，由于此地段商务氛围浓厚，顾客群体消费时间较为短暂，所以出品速度也要跟得上，这对店铺的管理是个较大的挑战。

而写字楼区的咖啡馆则大多经营惨淡，因为整个写字楼都下班了，职员大多都回家了，但此时段仍然会大有消费潜力可挖！例如，可以在午餐消费完毕后发放一张"星光依旧灿烂"的适合晚间消费的代金券，或者咖啡免费卡，就能将白天消费的客群适度地引流到晚间；晚间还可以办些咖啡讲座、交流论坛、互动沙龙，丰富写字楼群体的业余生活。

◆ 营业时间短。营业时间短，自然有效营业时间更短，商务区的咖啡馆营业时间一般为早 10 点～晚 10 点，12 个小时左右的时长，而有效的营业时间则是实际上客的时间，所以要在这么短的时间内创造出能令人满意的业绩是不容易的。

◆ 区域竞争激烈。商务区顾客群多，同样竞争也激烈，这除了我们的咖啡同行竞争，也包含中餐、西餐、果汁店甚至快餐行业的竞争。因为国内的咖啡消费人群还不是那么忠诚与固定，有一定的随机性，并且越是不发达的城

市，越是不发达的区域，越是如此。所以除去以上几点，快速灵活的促销手段是赢得顾客欣赏的绝对利器！每天一款特价产品，以及分时段的优惠措施，都能很好地赢得顾客。

◆ 有明显的生意清淡日。商务区的咖啡馆生意，除了受到商场营业时间以及办公室办公时间的影响，还受到节假日的影响，例如，商场区周末生意会好很多；而写字楼区的咖啡馆周末生意则明显惨淡；此外，商场区节假日的生意也会很好，而写字楼在节假日，由于职员放假而生意惨淡。所以有效充分利用"有效营业时间"，并争取"冷淡营业时间"是此类咖啡馆经营的重中之重。

这类咖啡馆也有如下经营技巧。

◆ 店铺的经营布局要合理精简。面积小，所以空间必须要充分利用，当然必要的环境也是需要的，节省空间的方法：缩小台面，例如，星巴克的圆形桌面直径为 40 厘米，就是充分考虑到了空间面积因素；大沙发更换为沙发椅或者木椅子；取消卡座，改为"火车座椅"；取消或减少大型桌面，改为可以相互拼接的小方桌或者圆桌；延窗玻璃也可充分利用，例如，延窗的站立式台面，或者与吧凳配合。

◆ 设置打包外带产品。面积小，要提升店铺业绩，就要扩大堂食之外的消费额度，所以快速外带的产品，以及相关的器皿必须要准备充分。

◆ 外送服务。办公人群在工作期间除了忙就是忙，有很

◆ 某商务咖啡馆一角

多时候真的没有时间下楼来吃饭，甚至连在高峰期等电梯的心情都没有。所以如果我们能快速外送一杯香浓的咖啡，或者一份精致的糕点，绝对十分讨好。

要很好地开展外送服务，店铺不但要有明确的指引提示，更重要的是外送过程中，一定要严格培训外卖员，因为外卖员是外送服务中唯一与顾客接触的员工，其表现是否良好，直接关系到我们外送服务的质量，因为我们不是做"一锤子买卖"的，所以外送员工一定要干净着装、礼貌待人、及时送达并准备好店铺名片信息，做好适时促销工作。

◆ 快速出品。商务区的办公人士，拥有良好的时间观念，因为很多时候，他们是利用工作间隙来就餐或者临时休息的，所以出品速度也尤为关键。

住宅区类型咖啡馆

在很多高档住宅区的底商，时常能看到一家经营不错的咖啡馆，这为整个小区增添了不少咖啡的香气。高档住宅区也的确是很多咖啡馆投资人喜欢的地方，我想原因主要有三条：一是相较商务区，住宅区的房租会略低些；二是高档住宅人群非常丰富，尤其是成熟的高档住宅区配套设施也很完善，甚至有些是商住一体的小区，客源多元而稳定；三是很多投资人自己就住在该小区，或者临近该住宅区，管理相对方便。但是，住宅类型的咖啡馆投资也需要注意以下几点。

◆ 在选择位置时，一定要留意小区居民的出入习惯以及小区居民的消费动向。这一点是至关重要的，因为很多小区居民的消费习惯是很难改变的，所以尽量选择在小区的主要进出口，并且周边商铺相对配套设施较为完善的位置。

◆ 一定要具备开设餐饮店的条件。很多高档小区位置非常优越，但是由于小区物业规划因素，不具备开设餐饮店的条件，这个也是在选址时首先要避免的。

◆ 尽量选择多个小区的交汇位置，不要选择在小区的尽头，或者整条路的尽头。这样的位置尽管房租低廉，但是也严重违背小区居民日常的消费习惯。

◆ 多了解整个城市或者该城的区域规划，避免选择配套严重缺乏的区域，以

防运营培育期过长，尤其要特别留意很多大城市住宅区的"候鸟族"的消费习惯。

"都市候鸟族"，这个名词来源于网络，原意是指由于季节变换、食物缺乏，为了生存不得不远途迁徙寻找新食物源的鸟类。而很多大城市也诞生了众多"都市候鸟族"，他们在主城区工作，而由于住房问题，不得不在距离工作地点较远的新城区居住。所以如果你选择的咖啡店地址在新城区，尤其是配套设施不够完善的新城区，一定要充分考虑"都市候鸟族"的消费影响。这些"候鸟族"白天会在工作地附近消费，而周末才回到住宅区，并且有相当一部分"候鸟族"周末不一定会在新城区消费，还会出现"好不容易过周末了，可以好好陪陪家人"或者"好好睡一觉"，再甚至"好不容易休息了，就陪家人到闹市区玩玩吧"。所以在选择咖啡店地点时尽量选择成熟的、高档些的、居住人口多的住宅区，尤以丰富多元的商住一体的小区更佳。此外，主城区与新城区连接带位置也是非常好的地点选择。

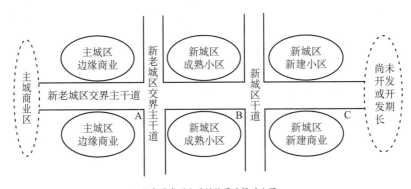

◇ 住宅区类型咖啡馆位置选择对比图

单从商圈相对位置来看，A 位置好于 B 位置好于 C 位置，但是 B 位置拥有较好的市场潜力，同时，A 位置也是不稳定的，因为有时在新老城区交界地带，车流量大，但是人流量则不够理想，所以还是要具体情况具体分析，上图仅作常规参考。

多了解整个小区，或者周边小区的居民组成。很多时候，房屋中介或者租赁部门会夸大居民的组成成分，如夸大实际的入住率，夸大宣传周边尚未成形的配套设施等。

准确定位咖啡馆的样子

——咖啡馆设计、功能定位与产品定价

这一节我们来谈谈咖啡馆定位的问题，也就是说"我们的咖啡馆要开成什么样子？让什么人喜欢？如何定价？无论之前的章节罗列多少种咖啡馆类型，从顾客角度分析也无非就是商务类型及个性小咖啡馆两个类别。

商务类型的咖啡馆，主要是针对商务人群，主要功能是商务办公，或者商务间歇。所以这类型咖啡馆的装修务必简洁，注重质感，星巴克、咖世家、太平洋咖啡是这类型的代表。

个性小咖啡馆针对的顾客群则更加广泛，既有文人学者，也有年轻男女，但是从功能上来看主要还是以休闲为主，既然顾客群更复杂些，所以存在形态就更千姿百态了，从设计装修风格来看，则有干净简洁和亲切舒适两个主要套路。

我们定位了咖啡馆的形态，关键是我们的"上帝"怎么看。顾客是凭借店铺给他们的第一感觉来定义你的咖啡馆的，所以咖啡馆的第一个定位就是先把装修设计的风格定下来。

店招设计要点

这是顾客进入店铺的第一感觉，店招是什么样子，直接决定了什么样的顾客进入。而无论是商务类型的咖啡馆，还是个性的小咖啡馆，店招设计的核心就是"引人注目"，只是商务类型店面的店招简洁明了，个性的咖啡馆则个性

亲切罢了。切忌招牌脏乱，识别性不强，顾客路过门口都不知道里面是"卖咖啡"的。例如，同为舶来品牌的太平洋咖啡，其标志为草写的"Pacific Coffee Company"，就远没有星巴克正写的"STARBUCKS COFFEE"更清晰明了，让顾客更容易识别。

◇ 太平洋咖啡草写体的招牌与星巴克正写体的招牌对比

吧台后厨设计

　　吧台及后厨是整个咖啡馆的出品核心，而对于很多小型的咖啡店来说，吧台还承载着重要的顾客接待任务。所以吧台尽量选择方便照顾顾客的显眼位置。咖啡机尽量摆在前侧或者侧放，这样方便我们的咖啡师制作咖啡时抬头照顾顾客。此外，前吧台高度不宜过高，一般1.3米左右，这样方便拉近咖啡师与顾客的距离，方便与客交流，也满足了顾客对咖啡制作的好奇心理，增强顾客的消费体验。吧台宽度要预留摆放咖啡机的位置，宽度最好在60厘米左右，这样有利于咖啡机的操作，并且无论前期是否使用意式咖啡机最好都预留这个宽度，并且要预留上下水位置，防止以后增加此项设施时追悔莫及。要考虑供应顾客冷热水的问题，不建议直接使用意式咖啡机内的锅炉热水，这样操作很伤机子，建议可以采用那种直饮机，或者去家电商场购买过滤式水设备，费用都不高，但是吧台下方要留有摆放设备的位置。后厨设施不一定要采用专业的大冰柜、大炒锅，对于不以"卖饭"为主的小型咖啡馆来说，日常家庭厨具完全够用。我就接触过郑州的一家小咖啡店，厨房面积只有 3 平方米，和

◇ 某咖啡店吧台一角

普通的家庭厨房一样，就是采用家庭灶具，制作各种美味可口的餐品。此外，吧台厨房的地面一定要采用防滑地砖，防止发生操作危险。最后，无论吧台还是后厨的设计，一定要考虑实用性，方便咖啡师 / 厨师流水化作业。

大厅布局规划

咖啡馆大厅座位的布局直接决定了营业业绩。沙发座椅数量一定要联系到我们的预估营业额，此外，还要考虑沙发座位与空间的比例。对于是否设置包厢的问题，我的答案：对于一个面积只有百十平方米的小型咖啡店来说，还设置什么包厢？占地方，还要设置最低消费，不利于翻台率的提升。如果你说，我们城市小，都是开放的，谈点私事不方便怎么办？行了，你就直接说男女谈恋爱不方便得了呗。其实你这个顾虑对于一个发展不错的地级以上的城市来说已经完全不必要，现在男男女女的恋爱观念都已经发展到在地铁站拥吻了，根本不会介意这个。这样的开放空间，大家彼此反而更加理性克制，这不更迎合了咖啡馆要创造的真实、自然的经营理念了吗？不过有时的确是需要点私密空间的，例如，组织沙龙，或者包场活动等。这时解决方案也是有的：第一，我

◇ 蜜思语咖啡馆中的书架

们店铺内的书架很多，也有些墙壁的转角独立区域，加上些绿色植物的配合，这些都是些天然屏障，可以起到创造部分私密空间的作用；第二，可以在部分区域悬挂些布帘，平时把布帘拉起来，如果遇上沙龙活动，就把布帘拉下来，也能起到很好的"包厢般的"作用。

咖啡馆的装修设计不是本书重点所要展现的部分，不过文章中也有不少涉及，如下面关于打造"顾客印象"章节中。但是无论如何，书上的寥寥文字还是不够的，强烈建议你走访更多的咖啡馆，从中汲取营养，具体你可以查阅本书最后提供的一部分特色咖啡馆信息来寻找灵感吧。

装修设计定位之所以很重要，是因为顾客对此是看得见、摸得着的，这些用心的设计装饰，很容易唤起顾客的共鸣。而再好的设计装修，都是为经营服务的，不能为经营服务的设计装修，只能是"纸老虎"，中看不中用。所以咖啡馆的消费功能定位也是重要的一环，这决定了顾客来咖啡馆干什么。

顾客来咖啡馆能干什么?

能喝咖啡呗！这还用问？没错，来咖啡馆喝咖啡、吃东西，这是咖啡馆最

◇ 某咖啡馆内的绿色植物架

为基础的消费功能。但这却不能代表咖啡馆消费功能的全部。人们来咖啡馆可不仅仅是为了喝咖啡吃东西，还可能是因为等人、聊天、看书、上网，甚至是发呆打发时间。这些有意思的需求，也构成了那么多巷子里的咖啡馆如此注重"小情小调"的原因。

咖啡馆＋书吧＋花店＋杂货＋沙龙活动＋电影专场＋演艺＋红酒鉴赏＋动漫＋桌游＋宴会外卖……这些有机排列组合，构成了咖啡馆的多样性。相信以上组合总有一点会吸引到你！因为从国外到国内，咖啡馆都在回归到一个"平台概念"，咖啡馆是个平台，是我们生活的第三空间，可以说，只有你想不到的，没有在咖啡馆里发生不了的。

如何给咖啡馆产品定价？

无论我们的咖啡馆装饰得多么漂亮讨巧，最终俘获顾客的心的仍然是咖啡馆里实实在在的产品，咖啡好不好喝，东西好不好吃，仍然是大多数顾客的最基本需求。而这些产品的价格，则是满足顾客需求的关键要素。那么，如何合理制定

◇ 北京很多人的咖啡馆内的沙龙活动

◇ 北京很多人的咖啡馆内的周活动表

产品定价呢？一般我用的方法是同行类比法，品质更好些，而价格相对更低些，这是我的惯用策略，尤其是对于那些大众化的产品，价格更是要略低于同行，当然我说的同行是城市里的主流咖啡馆类型的产品价格，例如，对于大多数城市来讲，主流的咖啡馆形态还是类似上岛咖啡之类的吧，这些咖啡店的咖啡品质较差，价格却大多为 25~35 元，甚至要在 40 元

左右，这相对于只有 2~4 元成本的咖啡产品来说，的确是获取暴利吧？何苦为难自己呢？与其让咖啡豆陈放在吧台的柜子，何不拿来与人分享？其实，哪怕再高档的咖啡豆，一包进价过来，分摊到每一杯的话，就算二十几元一杯都会有不错的利润，只是我们不贱卖好咖啡，怕破坏了店里的价格体系而已。放低心态，把好咖啡与人分享，何尝不可呢，予人玫瑰，手留余香嘛。下面分享几个我在店里常用的产品定价方法。

◆ 每天一款特价产品。这也是吸引顾客眼球的好方法，它会使我们的顾客产生物美价廉的价格亲切感。当然这些特价产品，品质是不能差的，一般是知名度较高、顾客接受程度较高的产品，当然也别太大众化，否则也太缺乏吸引力了。

◆ 产品价格不一定都按照尾数 5、8、0 来制定。部分产品可定价为 6、7、9，这样也能产生非常独特的效果，毕竟成本不同，产品价格自然也不同，但是，这一点一滴节省下来的费用，可是真金白银纯利润啊！

◆ 统计每日客流量，统计人均消费，根据人均消费定价。如果有电脑收银软件，这很容易统计到。如果没有电脑收银软件，也要记得每天统计销量，如果店员点单时没有记录顾客人数的好习惯，有个简单的方法可以粗略计算人流量，那就是统计饮品的销量，一般一杯饮品就对应一位顾客。这样顾客数就有了，有了顾客数，有了产品销量，就能知道人均消费了，而这个人均消费告诉我们，我们的定价越接近人均消费，顾客就越容易接受。

◆ 咖啡馆吧台小细节

◆ 通过行业成本率规律来定价。例如，对于一家小型的咖啡馆来讲，其产品的综合成本率控制得当的话应在 25% 左右，这样我们的产品进价成本除以 25% 即可获取该产品的价格了。这时你会发现，普遍的一杯咖啡的成本为 2~4 元，那岂不是咖啡售价才十几块钱？当然不是了，因为 25% 是这个行业的店铺所有商品的综合成本，有些产品成本是要高于这个数字的。所以根据店铺的实际情况，饮品类产品定价可稍高于刚才计算的价格数字，而实际产品成本率高于 25%，定价则接近由此计算的价格数字。

美丽的错误

——咖啡馆投创四大误区

咖啡馆的经营极其消耗人的精力，原因之一就是其特有的舶来文化不好把握。如何深刻地将这种舶来文化解读得更符合中国人的需求，是一件不容易做到的事情，对此，模仿、复制其他咖啡馆的现有成功模式，就是一条捷径，但是捷径仍有风险，投资无小事，一切需谨慎。通过多年的咖啡馆运营从业经历，我跟形形色色的咖啡馆投资人打交道，总结了几点咖啡馆的投创误区。

投创误区一：大店小做和小店大做

投资一家上岛咖啡店，包含其上岛系列或泛上岛系列，要明白其管理模式大多是擅长做大店，一般店铺的经营面积为 500~1000 平方米，甚至是 1500~2000 平方米的超大型店面。这类型店铺的经营效益有好有坏，在此我不重点评说，单说其和中小型店面的对比。上岛系列大多是大型店面，所以其所吸纳的顾客

◆ 东莞的一家商务小咖啡馆

群体，自然和小型店面不同。例如，大型店面大多会有较多的包房；产品为中餐西餐相结合；饮品，咖啡、茶、冰品、果汁应有尽有；店面大厅还设有卡座、情侣半包卡座，甚至是环形卡座，这都需要一定的面积，这也迎合了国内一批看重档次的消费群体。按中国老板们的传统消费观念，店面规模大小就是消费档次高低的第一要素，所以如果面积小了，装修再豪华也是"没档次"。但是小店如果装修豪华，放大沙发，设置包房、棋牌室，就会降低餐位使用率。试想，一个小店总共200平方米，还要做2个包房，弄4个卡座，做个水景，做个大吧台，甚至是圆形的吧台，还要设置个小厨房，会出现什么情况？这怎么能赚到钱？沙发越舒服，越容易让顾客接受，越容易让顾客喜欢，但是要知道沙发所占比例越大，尤其是大型沙发越多，越会占用消费面积，同时，太舒服的沙发，让顾客感觉不想走了，翻台率会大幅度下降，此外，"随便一坐"就"满"了，其他顾客一看"坐满"了，"没好位置"了，就走了，于是恶性循环就此开始了。同样，上岛咖啡模式是不能硬套小店模式的，这也不是"收收肚子就能穿上小号衣服"这么简单，因为你还没有搭配合适的小鞋子、

◇ 某商务咖啡馆一角

小帽子、小饰品，更重要的是你还没有习惯用"小"的眼光看待"小"的世界！此外，工作人员招募这块也有难度，虽然都同属咖啡行业，但是在两种不同背景下诞生的工作人员的确有较大的差别。大型店岗位分工明确，员工各司其职；小型店面岗位分工简单，往往一人多岗多能。这就造成了不同模式下诞生的工作人员

在同一个店面工作时容易产生较大的工作冲突，这容易加大投资人的管理难度，尤其是加大初期管理的磨合难度，所谓失之毫厘，谬之千里啊。

当然，小型商务类型的咖啡馆，也不宜做成大店模式，毕竟是两种不同的经营思维。所以投资开店时最好寻找匹配的店面类型进行同类比，而在招聘工作人员时，也尽量同类比选择工作人员。以我的从业经验来看，

❖ 星巴克咖啡馆内的一角

大多数从事大型复合式店面的吧台人员，对于意式咖啡的制作往往不够擅长，他们更善于用虹吸壶制作咖啡，更不擅长维护贵重的咖啡机设备，这对于对意式咖啡类产品要求相对高的中小型咖啡馆来说，是十分不利的；而中小型咖啡馆的管理模式大多相对松散，所以在其模式下诞生的工作人员行为上更为轻松休闲，这对于更注重行为规范的大型复合式咖啡厅来说，也不是很有帮助。

投创误区二：刻意模仿国际大品牌

事实证明，任何一种刻意模仿与抄袭，最后都是自欺欺人。在国际咖啡品牌星巴克横驱直入中国市场之际，吸引了一批众多的模仿者与追随者。"白领排队抢喝星巴克"已经成为上海、北京、深圳等地的亮丽风景。于是众多有志于投资咖啡馆事业的老板也趋之若鹜。有实力的投资人纷纷想投资星巴克，结果在投资咨询星巴克时却遇到了一个硬钉子：人家根本不授权加盟。于是，不甘心的老板们，就动起了自己投资的念头，或者选择国内一些类似的品牌去投资加盟店，最终往往无功而返、业绩不佳。这到底是什么原因呢？为什么人们

争着抢着去喝星巴克，而自己重金投资的咖啡馆内的顾客却寥寥无几呢？

我想原因很多，其中一个重要的原因就是中西方文化背景不同吧。咖啡馆承载着更多的西方文化精神，它在国内的普及需要一个过程，星巴克、咖世家这些国际一线咖啡品牌则是这种类型咖啡馆的代名词，是这种类型咖啡馆精神的显著代表。可以说，以星巴克、咖世家为代表的欧美商务型咖啡馆是西方咖啡文化的产物，它们已经超出了"喝咖啡的地方"的概念，在这里人们更多的是享受西方文化气息。这种类型的顾客群体相对会集中在国内的一线城市或者发达沿海城市，对于很多二、三线市场上星巴克的模仿者来说，自然就很难达到星巴克的经营效果。或许你会说，为什么同样来自美国的麦当劳、肯德基就更容易得到普及呢？为什么很多三线城市，甚至是发达一点的县城都有"M"或"KFC"的身影？一来是因为肯德基、麦当劳进入中国大陆市场稍早，早已培育了丰富的消费群体，也形成了自己广泛的知名度。二来是因为肯德基、麦当劳这些美式快餐品牌，更多是面对普通大众群体，价格相对低廉，一般人均消费为 22 元（早期才只有 18.5 元），而星巴克的顾客群体针对的更多是大城市内的白领精英一族，它的人均消费则在 35 元以上，这是商务咖啡馆不能迅速普及的最为客观的原因。三来是因为以油炸食品为主的肯德基、麦当劳更容易赢得广大的中国顾客的青睐，中国人本身也喜好油炸的鸡肉、重口味的牛肉，虽然味道有差别，但是的确也有某些和国人日常饮食近似的口味，而星巴克这种类型的咖啡馆产品，则以"黑色液体"为主打，苦苦的"重口味"，35元左右的价格，这对于很多中国普通市民来说还是"奢侈品"或者"怪味道"，直白点说，花 35 元购置一份炸鸡汉堡套餐，绝对比购买一杯 35 元"难喝的黑汤汤"划算！"花那么多钱喝咖啡，不是花钱买罪受嘛！"四来是因为星巴克这种类型的商务咖啡馆，相对于肯德基、麦当劳这类美式快餐，承载了更多的西方小资文化符号，星巴克在国内不断塑造的形象是精英群体聚集地，而肯德基、麦当劳更倾向于走亲民路线。这些综合下来都造成了星巴克在国内普及必定是先集中在国内一线城市，再逐步走向沿海发达城市，二线发达城市的核心区域，二线、三线主力城市，直至更广阔的区域。最后一点，我想的确还有国人普遍的"崇洋"心理在作祟，很多人认为"国外的月亮比国内的圆"，在北京、上海的高档写字楼区域，"勒紧裤腰带也要去喝星巴克"的"伪白领"比比皆是。其实，这也不仅仅是"崇洋"二字就能概括的，星巴克的确营造了一个大城市内"白领精英的自由空间"，出入在星巴克就如同置身于"上流社会"，这种特有的"体验"远远是其他餐饮场所所不能给予的。

所以星巴克、咖世家这种类型的国际大品牌咖啡馆，已经脱离了简单的咖啡馆概念，它集多项优势于一身，加上强大的产品研发能力、完善的管理模式、密集的大力度的广告宣传，自然能更容易地吸引顾客。一句话概括：它能的，你不能；它具备的，你不具备，这就是大品牌的魅力所在！

◇ 某商务咖啡馆内一角

投创误区三：盲目投资，贪图简单

人员少，好管理；面积小，好赚钱；操作简单，利润高！估计是很多不懂行的人对小型意式咖啡馆的统一印象了，这也形成了小型意式咖啡馆普遍的经营错觉。

人员少，好管理？实际上，人员少，并不一定好管理。人员少，代表着管理结构相对简单，岗权责的归属分配不容易清晰，而国内人情观念重，人员少就不得不经常面对人情关。所以所谓好管理，在于自己开店，自己经营，甚至亲力亲为。如果经营一家小咖啡馆也像加盟大型店铺一样，请一个高级管理人员来管理，自己坐等收钱，风险也不算小。此外，正是因为人员少，又是单独开店，人员的薪金结构以及人员的晋升发展问题不好解决，人员容易流失，也造成了管理的难度。这也是星巴克直营管理的好处：人员的晋升空间相对大些，人员流动性相对小些，工作积极性容易保持，效率也提高很多。

面积小，好赚钱？越是面积小，对开店店址就越是挑剔。小型餐饮项目多数要求开在人流量大的地方，这个你可以从步行街或商场进出口的冷饮店，以及小区或小巷子的小卖部得到印证。所以小型咖啡馆的地段选择很重要。目前国内小型咖啡馆的地段选择还是以商务区为主，很多住宅区域都还不算成熟。那么好的商业地段，能否找到合适的店铺呢？能否接受高额的房租呢？此外如果选到了很好的商业地段，你还可以既做中餐又做西式简餐吗？还能简单装修吗？

操作简单，利润高？没错，咖啡饮品的制作相对于其他的明火炒菜还是简单很多，且利润大很多，有人说咖啡的利润是仅次于石油、烟草的第三大暴利项目。但是如果要论纯意式咖啡类的产品制作，还是需要一定的技术，如打奶泡、拉花、咖啡机设备的操作及保养等，这些是看着容易做着难。其他的出品项目，虽然制作简单，但是仍然要熟才能生巧，这对于不喜欢"做饭弄饮"的人来说，还不是很容易达到营业的标准。此外，半自动的咖啡机的保养、使用、维修，也都是技术活儿。一台机子的价钱都为一两万甚至三五万，也是贵重设备了，要小心使用。

对于此类投机心态，还要多问问自己以下问题。

这个地区有人爱喝咖啡吗？有的内陆地区，人们去咖啡馆，有时不是真的去喝咖啡，而仅仅是为了时髦，有时仅仅是为了"面子"，甚至有时仅仅为了"没喝过，要去尝尝鲜"（很多人会这么认为）。当地有这个喝咖啡的习惯吗？他们会花二三十块钱，喝杯"黑汤水"吗？所以建议多了解当地的消费习惯。例如，一个保定市某县城的朋友咨询能否开咖啡馆，而且要开类似星巴克的纯意式咖啡馆。我就建议他最好先了解当地的饮食习惯。一个有着如此传统的消费习惯的城市，能否接受这么"前卫"的咖啡馆，还真需要好好研究一番。此外，一些内陆三、四线城市，甚至是县城的朋友也咨询能否开意式咖啡馆，说实话，我都对此持保留意见了。我仍然建议，在这些地区开一家"更适合大城市精英群体的"纯意式咖啡馆还是慎重为好。

能否解决吃饭的问题？很多小城市，大家是冲着"咖啡"二字去的咖啡馆，却点了一碗"牛肉面"。这个不单单是价格原因，也有消费习惯的原因。例如，几年前去河南省濮阳出差，濮阳是中原油田的所在地，在油田工作的人，不可谓没钱，但是去咖啡馆消费的人，还真的不多，因为没有档次（相对于大型中餐厅）、没有东西吃（相对来说吃的项目少）、吃得不习惯（牛排尚可接受，沙拉、浓汤、意大利面就免谈了）、吃不饱（相对于中餐分量偏少），等等。所以很多小型咖啡馆连锁品牌都推出了方便包食品，但是试想谁会在饭馆林立的大城市市区享用一包三十块钱的"方便面"呢？况且，国内多数餐馆方便包食品的口味品质还不甚理想，并且餐饮品种还很单一。因此，小型咖啡馆里的此类产品，在很多地方还是难以被适应。

❖ 藏在老北京胡同里的"蜗牛的家"

先买单还是后买单的结账问题。 星巴克咖啡，实行先买单，然后自己等候拿取咖啡，并鼓励顾客自助添加糖奶，甚至鼓励让顾客自己收拾使用过的杯子等。这样可以很节省人力，也符合星巴克倡导自由随意的理念。但是国内很多地方就不行，就连麦当劳、肯德基都在中国实行"一手交钱，一手交货"的原则来迎合中国大众。那么，如果你的咖啡馆要"先收钱后给货"，你有想过后果吗？于是，你经常看到：有人进入你的咖啡馆，不点单，而是先找地方坐下来，等他自己的朋友，因为他们还在等着"服务员点单"呢。要知道这在星巴克是再平常不过的了，在那里顾客自然就有意识先去点单，而如果我们的咖啡馆要后点单的话，翻台率上不来，业绩怎么保证？

有地方做饭，有地方吃饭吗？ 目前多数城市的小型咖啡馆不吸引人或不适应市场的一个重要原因就是没有东西吃。但是如果有东西吃，可以做些简餐，这样就可以了吗？试想，小小的面积，到处充斥着洋葱或者某些饭的味道，咖啡馆的感觉呢？此外，小型咖啡馆的台面都非常小，通常直径为 40~70 厘米，如此小的桌子，如何能摆放两个大盘子？

这些问题，都要多想想。对于有些人来说，这些不是问题，但是对于另一些人来说，这些都是很大的问题，甚至有更多的问题等着你。

当然，问题都是人解决的，是问题必然有解决的办法。让我们在投资前多想想，多问问，然后逐步解决吧。随着以星巴克为首的小咖啡馆在中国的影响力不断加大，这些小型咖啡馆，也必将不断繁荣。

投创误区四：开咖啡馆不图赚钱，不图发展壮大

通过近几年连续和咖啡馆的投资人打交道，发现这个投资群体的整体素质非常高，大多数投资人资金雄厚且学识较高，其中还不乏很多海归人士，他们至少对西方咖啡文化有一定的了解。在这样一个"高质量"的投资群体中，很多人对咖啡馆的投资不以为意，50~100万的投资额，对他们来说绝对是"小意思"，这种"轻敌的思想"也造成了咖啡馆经营的误区。此外，通过仔细观察投资咖啡馆的人群，还发现一个有意思的现象，即有部分投资人，的确是带着"玩票"的兴致来"玩儿"咖啡馆的，其结果自然可想而知。从咖啡馆的投资角度来说，一般有以下几类。

投资创业型。这类人群较多，但是往往以投资中小型咖啡馆的为多，尤其是具有个性主题特征的主题咖啡馆更多些。因为小咖啡馆面积小，投资少，自然相对风险小一些，算是投资创业的不错选择。

主力产业附属型。这主要是一些大的公司，或者实力雄厚的投资人，想扩大自己的产业，或者让自己的产业产生多元化效应，所以投资一个看似"利润空间大"、"有品位"、"投资少，好管理"的咖啡馆自然是个不错的选择。例如，某大型楼盘内开设咖啡厅，这样一来可以接待客户，二来可以坐享社区资源，三来可以作为整个楼盘的配套以吸引更多买家关注，从而更好地促进其他房产销售。

家庭延续型。这主要是投资人为其亲属，甚至是"近似"亲属开设的咖啡馆，这种类型所占比例也非常大，这从很多咖啡馆的经营者都是女士，就能看

出一二了。

当然，还有其他的投资目的，甚至还有部分投资人把这种"资金流动较快的餐饮形式"当做"洗钱"的工具。但是无论是什么样的投资目的，我想要说的是，投资咖啡馆求挣钱或求发展壮大是首要的！因为这才是真正的做商业！不求挣钱、不求发展壮大的商业模式才是真正不道德的商业模式。尤其是我们很多投资人会愚蠢地跟我们的筹建者/经营者，甚至下属去讲这番颇为自豪的言论："我开咖啡馆儿，不为赚钱，就是玩儿。"这番话的潜台词：

你们跟我混，是没出息的，是没出路的！

我的钱来得容易，你们可以随便赚我的钱！

我不图赚钱，所以你们也赚不到大钱！

我不图赚钱，我在玩儿咖啡馆，当然也顺便在玩儿你们！

你听听这番糊涂话，让下属听了，让合作者听了，会怎么想这件事？如果让那些心术不正的人听了，他们又会怎么想？或许你会说："我真的不缺钱啊，要想挣钱，早干什么了，还开什么咖啡馆啊，我也不爱喝咖啡，还操那么多心。"的确，或许你真的不缺钱，你有自己的其他"大买卖"，但是要知道你的合作者们，尤其是咖啡馆的工作人员，可不这么想，他们还是希望咖啡馆生意兴隆些，这样他们工作能更开心些；他们还是希望你能挣到钱，这样他们可以多得些奖金；他们还是希望咖啡馆能够发展壮大，这样他们才会安心工作不必跳槽，他们可以在这个有发展潜力的平台上成长！

咖啡店要办理的几个证照

咖啡馆的证照办理，有时会让人头痛，这主要是因为我们跟政府办证照的机关打交道少，其办证照流程不是很清晰，不过，这在很多大型城市已经很开放了，政府设有专门的办证照的大厅，一个大厅几乎可以办理所有相关的证照。我们日常涉及的证照有如下几个。

开店相关证照		
名称	申报单位	所需资料
施工许可证	建设局	施工平面图、地理位置、设计资质图、施工单位资质证
消防合格证	消防局	施工平面图、天花图、消防警铃及消火栓、灭火器位置图、消防施工单位资质、烟道、喷铃布置图
法人代表证	工商局	法人身份证原件、一寸彩照8张（申请名称）
环保合格证	环保局	排水系统图、排烟系统图、平面配制图、房屋租赁合约
卫生许可证	卫生局	员工的健康证、营业执照附本
营业执照	工商局	房屋租赁合约、申请人身份证、计生证
税务登记证	税务局	营业执照、环保证、卫生证
招牌广告许可	工商局	效果图（白天、晚上）、租赁合同、申请人身份证

备注：1.咖啡店有两个税：定额税、发票税

2.在试营业店可以办暂时的税务登记证

3.开店前办理营业执照

4.开店后办理卫生许可证、消防合格证、环保证

　　办理个体营业执照相较办理公司营业执照通常要简单些，现在政府的办证部门大多流程简便，在各个城市的办证大厅很容易办理。

　　而对于部分面积小的咖啡馆，以及不具备明火设施的咖啡馆，其证照（消防、环保、卫生环节）办理更为简单，可提前咨询各地的政府办证大厅。

什么时候开始办理证照？

　　事实上，从我们正式确定咖啡馆项目开始，就应该去当地的工商行政部门了

解各类证照的办理流程了。一般来讲，工程动工前即可去工商部门进行名称核准报备，要知道很多名称是无法通过的，如有些地名：巴厘岛、钓鱼台、北海道等。此外，一些容易和已知的大品牌重名或近似的名称，都无法通过。在工商部门核定名称的同时，我们还需要当地公安部门、消防部门进行相关的施工许可登记及消防审批登记，并逐步开展卫生检测、环保检测、营业执照办理等各项工作。

日常证照办理上的难点有哪些？

◆ 名称不符合要求，如使用地名、重名等。这时需要我们多准备几个不错的名称来应对。

◆ 消防设施不健全。对于这项尤其要注意的是，提供承租房屋的开发商 / 物业 / 房东，其本身的大厦是否通过了消防检测，因为如果主体没有通过消防检测，我们的店铺就更无法通过消防检测，这点在考察现场时尤其要注意。此外，消防部门还有其他消防设施的审核要求，这也需要提前咨询清楚当地的消防部门。

◆ 厨房面积过小，且缺少必要的出品功能，如无明火、无排烟管道，此时卫生、消防部门是不允许现场加工炒菜等产品的。如果遇到此类问题，一来要在现场考察前，做好自身的经营项目定位，二来如果前期未能很好地考虑此项，此时需要针对性地调整经营项目，例如，在菜单上取消那些需要用到明火的菜品，增加使用电力设备制作的产品，或者突出吧台饮品。

如果你真的不擅长与政府部门打交道，或者按照流程办理证照消耗时间过久，你可以委托当地正规的办理证照的中介部门，一般在当地的报纸上，以及办证大厅附近，都能找到这些协助办理证照的"热情中介"。当然，所付中介费用有高有低，但是的确省力不少，同时，通过他们也的确会得到不少政府公关的渠道以及政府相关的政策和法规的信息。

第三章
每一粒豆子都要有热情

　　与其说是咖啡让人焕发活力，倒不如说是咖啡师激发了咖啡的热情！咖啡馆的经营不是摆弄些瓶瓶罐罐的茶叶铺，也不同于锅碗瓢盆叮当作响的中餐馆，咖啡馆是一个极具人文情怀的城市精英人群的精神家园，而这种人文精神的缔造者就是工作在咖啡馆里的人。如何激发店员的热情，引爆咖啡馆的人文情怀，正是这一章与你分享的。

从星巴克的"你好"开始！

——看国际巨头如何制造快乐的"城市第三空间"

星巴克能够风行世界，绝非偶然，因为任何一项伟大的事业，都会孕育着一些必然因素。而从一点点小小的细节就能看出其中巨大的智慧与奥秘。

"你好，请问要喝些什么？"这是咖啡馆里一句常见的工作人员开场白！而星巴克的方式却是有所不同，他们采用的是阳声调，而阳声调的"你好"（ni haó）更让人感觉热情洋溢，更让人为之振奋！创造自由、舒适的咖啡馆消费体验，正是星巴克所不遗余力去倡导的。

◆ "麦当劳叔叔"身后的星巴克咖啡馆

相对于很多咖啡馆客人进门后，没有人打招呼，或者是进门后，两侧的服务人员面向地面，看都不看你一眼的"默哀式"的"招呼""欢迎光临"，星巴克的阳声调，的确更有人情味道，更富有亲切感。

咖啡馆就是这样一个广阔自由的交流平台，是城市生活中，家庭与办公地点之外的第三空间，这绝非星巴克首创，因为在欧洲、美国或者日本这些发达地区和国家，咖啡馆从来都是扮演如此角色，进来时让人感觉心情舒畅，离开时让人感到精神振奋！

很多从业人员或者咖啡馆的经营者，并未意识到"招呼顾客"这件事对于中小型咖啡馆的经营来说是多么重要！其实，与其说一句"你好"是在招呼顾客，还不如说"你好"是在唤醒我们自己，这两个字分明是在向自己问好，是在向我们的顾客、向我们的身边的同事、向我们周围的所有人证明：我很好，我很优秀，我不错，我值得信赖！

对于中小型咖啡馆的经营来说，拥有这一理念非常重要！因为不遗余力地创造咖啡馆的人文精神是经营这类咖啡馆的关键。

这种人文精神，绝不是单单用些文字让顾客读，用人文气息浓厚的装饰品让顾客去看，更重要的是我们的店员和管理者自身所散发的人格魅力！干净整洁、彬彬有礼、热情而主动构建了咖啡馆经营人文氛围的第一环节。反观很多咖啡馆里服务人员衣衫不整洁，发型蓬松，指甲很长还涂抹得有红有绿，说话有气无力，让我们如何能享受这杯好咖啡呢？让我们怎么会相信一个发型凌乱遮盖眼睛、戴着胡子茬的咖啡师傅能够做一杯上等咖啡呢？

在星巴克掌门人霍华德·舒尔茨的构想中，星巴克要拥有一个很重要的竞争策略，那就是在咖啡店中同顾客进行密切交流。星巴克特别重视同顾客之间的当面沟通。而每一个店员都曾经接受一系列的如基本销售技巧、咖啡基本知识、咖啡的制作技巧等方面的培训。星巴克要求每一位店员都要能够预测顾客的需求，并为顾客提供超出预期的服务。

所以咖啡馆的店务经营第一步就必须对咖啡馆里的从业人员进行培训，通过他们的热情，通过他们热情的双手制作每一杯热情的咖啡，通过他们热情的话语招呼每一个向往热情的顾客。

唤醒每一粒豆子的热情

——在咖啡馆营造人文情怀，唤醒咖啡馆里的每一粒豆子

在今天，生活变得日渐繁忙，喝咖啡成了都市生活必不可少的休闲方式，越来越多的人喜欢上咖啡，同茶道相比，咖啡文化也逐渐受到重视。每当工作

累的时候或者没有精神的时候，人们往往会想到咖啡，它能抗击疲劳、激发创造力。咖啡良好的提神醒脑功能，正好迎合了当代人工作紧张、工作压力大的特点。每天的工作从冲泡一杯咖啡开始，已经成了很多在大城市生活的年轻白领踏进办公室前的第一件事。咖啡馆就是这样一个让人精神焕发的场所，在遥远的欧洲街头，是它唤醒了大文豪、哲学家或政客们著书立说，激情四溢地释放他们的才华。如今，它也走进我们中国人的街头巷尾，继续刺激着年轻白领们的大脑神经，让他们释放出无限的工作创意与激情。

每一粒豆子都有热情，其实并非指的那些黑褐色的豆子，更重要的是指那些在咖啡馆里工作的人，因为只有他们的热情与激情才能够激发那些豆子的热情。

唤醒咖啡馆里的每一粒豆子

工作在咖啡馆里的年轻人，应该是一群幸福而快乐的人。虽然工作很辛苦，很早就开档做卫生，然后忙着招待顾客，应对各种各样的营运问题，晚上下班还晚，收拾台面，做好备货，准备第二天的工作计划，但这一切理应又是快乐的，因为有咖啡香气在弥漫，有舒适的、叫不出名字的好听音乐在伴随，有熟悉的老顾客出入在店堂要一杯自己颇为得意的咖啡作品。

❀ 咖啡馆已然成为都市白领的加油站

但是，我们经常看到的却是另外一番景象。工作在咖啡馆里的年轻人似乎并不快乐，蓬松的头发，脏兮兮的工作服，指甲明显没有清洁，懒洋洋地回答一句顾客提问，有时甚至都懒得搭理顾客。

咖啡馆是在大城市工作的"白骨精"（白领＋骨干＋精英）的加油站，有了热情的咖啡，却缺少了给我们热情加油的人，那怎么行？！

一般来说，公司经营以获取利益为重，所以他们把员工看成流水线上的螺丝钉和人力成本开支。而星巴克却不这么看，它们认为劳资双方绝对不是零和游戏。这就是愿景的力量，从一开始管理星巴克起，霍华德·舒尔茨就想把星巴克打造成一个很多人都愿意为之效力的公司：把员工看做自己的家人，让他们与星巴克共同成长，一起实现梦想。这就是企业愿景的魅力，它会在无形之中激励在企业中工作的每一个人为之付出，因为这是我们共同的事业。

很多管理者都说现在的年轻人很现实，不好管。的确，现在的年轻人相对更重视"金钱"、"福利"、"工作环境"、"发展空间"。但是我们静下心来仔细想想，年轻人追求这些错了吗？没错！既然没有错，为什么就不能追求这些呢？难道一味地求安稳、不思进取才对？

在部分年轻人群体中流行的"拜金主义"，这或许并不难理解，因为"金钱"、"物质"对他们来说的确很重要！古代人会拜一口井，会拜祭一眼泉水，因为他们知道泉水对他们来说很重要，他们最需要；蒙古人会拜狼为祖先，因为狼的存在对草原平衡尤为重要；古代人还会拜武功，因为那个动荡的年代武功对他们很重要；他们还会拜文化，拜古圣先贤，因为文化对他们最重要，学而优则仕。所以无论是泉水、武功、文化等，在不同的时代都是一样的，都是对自己最重要的。

员工就是拜对他们最重要的！

关键是什么是员工所应该拜的？这跟我们企业树立的企业精神、企业文化有莫大关系。在我们没有善加引导的时候，年轻的员工只能去盲目地"拜金"，甚至有时候，我们这些管理者、老板，都会带头引导这种情绪，而咖啡馆却偏偏不是那种容易工作量化、业绩量化的"销售型企业"，咖啡馆职业也不是那种暴利收入的职业。

对此，我们应该树立另外一种"拜"的文化。例如，星巴克在伙伴中树立

的"拜""快乐"文化，雕刻时光咖啡馆里的"拜""技术/咖啡冠军"文化等，都很好地引导员工进入另一种精神境界，而这种精神境界也在被很多行业所通用，并且与"拜物质"文化很好地和谐共存。

崇拜快乐而自信的人，这在星巴克、麦当劳、咖世家国际连锁品牌被发挥得淋漓尽致。做到快乐而自信是件不简单的事情，要知道很多人已经迷失了快乐，我们在不断地追求那些我们不需要或者本不过多需要的东西，如我们用健康去换取名利、用健康去换取金钱等。

案例：用微笑面对周围所有的人

地点：北京大望路华贸大厦的红卡咖啡

在新光天地一层、四层，以及华贸写字楼的地下一层，都可以看到红卡咖啡，看到面带微笑的店员。每当乘扶梯下行或上行路过红卡咖啡馆，店员总是会面带微笑地招呼一声"你好"，自然而亲切。

更为难得的是，无论你是否到店消费，你总能够获得如此"亲切"而"礼貌"的招呼，甚至从二层、从三层往下观看，店员也总能够找到你，对你投以微笑，并轻声招呼"你好"。

◇ 站在红卡咖啡吧台里的我

而就是这一声不经意间的招呼，却让穿梭于商场的人们，停下来到店里歇脚喝咖啡，造就了红卡咖啡的良好业绩。要知道曾经一家店面之前的管理者曾是星巴克中国区高管，另外一家店面之前的投资者来自挪威的某著名品牌公司。唯独如今的红卡咖啡，生意红火，尽管面对两家星巴克、两家咖世家的夹击，但仍能保持良好的销售业绩。

红卡咖啡是如何做到这一切的呢？这和红卡咖啡的管理者们不断地要求训练分不开，红卡咖啡每一个店员应聘的第一标准，必须具备举止大方得体、亲切、自信，并且拥有较好的笑容。而要让一个不习惯笑的人必须时刻保持良好的笑容不是一件简单的事情。在红卡咖啡工作的店员必须每天强制性地保持微笑，"露出 6~8 颗牙齿，笑得再灿烂一点"是这里的管理者巡查店铺时最常说的一句话。因为他们深刻知道，微笑的状态最能带来最佳的工作效率与效果。一旦笑容不在，什么样的工作都不可能会好，什么样的产品也都无法真正让顾客满意，而只要笑容挂在脸上，工作结果就不可能会差。微笑也是员工自信力的最直观表现，而提升餐饮员工的自信力，也是我们培训中的重点，因为他们最缺少这些。所以刚开始在红卡咖啡工作的店员，前三个月是非常辛苦的，他们的辛苦不是被要求做这、做那，而是必须要保持良好的微笑状态！

这种微笑训练并不容易，绝不是我们日常课本说的那种要"发自内心的"，要把客人想象成"上帝"，笑的时候要想"钱"，要想"money"，甚至是想"田七"。这些方法，从某种程度上是有效的，但是，对于生活在基层的咖啡馆员工来说，更需要灌输另外一种观念，即"这是你的工作""顾客购买的是你的产品，包含你的情绪——微笑"！记得我曾经参加过奥运会的志愿者活动，有幸亲眼看到奥运会的礼仪老师们是如何训练那些颁奖的礼仪小姐们的。他们训练微笑的方法很简单，即牙齿含筷子，以及照镜子。笑不出就淘汰！笑的不标准就淘汰！根本没有过多地告诉你"这是国家荣誉，你要发自内心"这些"虚"话。

所以初次在红卡咖啡工作的员工第一个月非常辛苦，辛苦在于要不断地微笑并非常自然地打招呼，因为只有自然的微笑和招呼才最能让顾客感觉舒服的。那种站立在门口、见顾客就点头哈腰式的招呼，只会让顾客有逆反心理。我有时开玩笑说，第一个月在红卡咖啡的微笑训练是"假笑"，不但要微笑，

而且还要被"逼迫""露出牙齿，笑得灿烂"！到了第二个月就是"傻笑"，因为在红卡咖啡，微笑不仅仅是对顾客，而是对所有人、对世间万物的，这里的管理者要求所有的店员只要穿着红卡制服，都必须对所有经过其身边的人报以亲切的微笑并打招呼，甚至在做卫生清洁、拖地板、切水果时，都被要求微笑面对！而经过两个月的"残酷""微笑训练"，红卡咖啡的员工大多能够"自信而亲切地微笑"，这样的微笑，产生的效果不仅仅是顾客感觉舒服，更重要的是员工的自信力提升、工作效率提高，并且团队合作更加默契和谐。

让员工"拜"快乐、"拜"微笑、"拜"自信，就成就了一个快乐、微笑、自信的团队，这样的团队注定会生机盎然。

让员工"拜"技术、"拜"第一名、"拜"冠军，同样也是非常好的方法。

例如，北京的雕刻时光咖啡馆，每年都参加中国咖啡师大赛，以及百瑞斯塔国际咖啡师大赛，并且拥有多个中国冠军级咖啡选手及各类咖啡师比赛的获奖选手，如此产生的结果一来提升了雕刻时光咖啡馆在业界的专业程度，二来也提升了消费者对产品的信赖程度，更重要的是通过咖啡师比赛打造出了"员工明星""员工榜样"，从而形成了员工发展的路径榜样、学习标杆，试想能跟"全国冠军"做同事是什么样的感觉呢？所以雕刻时光旗下的各个店铺的咖啡师技术都很精湛，咖啡制作技术一流，这和他们这种"拜"技术、"拜"第一的文化是分不开的。

❖ 热情洋溢的星巴克伙伴

此外，星巴克也有类似的"拜"技术文化，店铺都设置详细的咖啡专业知识进阶课程，同时会设立"咖啡大师"的荣誉职位，并且这一职位还将成为进一步晋升的必经之路。这样一来，星巴克就聚集了一批喜欢喝咖啡、喜欢咖啡行业的伙伴，这样自然也容易成就一番成功的咖啡事业了。

用咖啡宗教，点燃每一粒咖啡豆的热情

——看优秀的咖啡馆如何引爆咖啡师的咖啡热情

据数据统计分析，中国中小企业的平均生存周期只有 2.6 年，这在经济活动非常频繁的餐饮行业里非常多见，你经常可以在街头看到更换招牌的餐饮店铺，上个月还刚在这里消费过，如今已经人去屋空。都说餐饮行业是投资门槛非常低的行业，怎么会如此不堪一击呢？原因有多种，其中跟这个行业从业人员的流动性有很大的关系吧。

而世界上偏巧有这样一种"企业"，它从不给员工发工资，时常加班，没有加班和奖金，住宿条件差，吃的更差，没有肉，基本都是青菜萝卜之类，而"员工"却能够安心劳作、快乐心安、不离不弃，这样的"企业"却能够生存千年，真有这样的企业吗？有，这就是宗教。它虽然不是真正意义上的企业，但是的确给我们这些做企业的人提供了诸多可供借鉴的思想，宗教的僧侣大多来自四面八方、背井离乡、相互不识，却能在一家寺庙里修行，这是非常难得的。

佛教寺院是一种特殊机构，同样有生存和发展的压力，其内部人员管理与事务安排的复杂程度丝毫不亚于企业。寺院的僧人来自各地，禀性、好恶、生活习惯、教育背景各不相同，并在主观上"舍亲割爱、抛却世间享乐"，管理这样一个没有物质利益牵挂和约束的群体，其难度比企业更大。令人惊奇的是，为什么延续千年的寺庙比比皆是，而传承百年的企业却不多见？

❖ 正是有了咖啡师的热情才让咖啡变得更有魅力

世上有千年的寺院，却为什么没有千年的企业？其实优秀的现代企业，也有不少优秀的典范，这些优秀的现代企业和佛教寺院看似毫不相同，实际上它们都必须做以下两件事情。

第一，宣扬核心理念，保持组织人员的凝聚力；

第二，理顺管理关系，实现组织运营的畅通。

是的，优秀的企业又何尝不跟宗教一样呢？所谓不疯魔，不成佛！要想成功，就必须要迷上你所做的事。无数人不能成功，是因为想要成功，但不愿意去忍受！想要结果，但不愿去实施！

从管理理念上来说，企业老板大致分以下为三类。

第一类：员工给老板干，老板挣事业，员工挣工资；

第二类：老板建立发展平台，让员工在平台上成长、实现梦想，让员工发财，老板顺便实现个人理想；

第三类：老板与员工共同发展，为共同的事业付出，为共同的理想奋斗，共同成长，实现共同的理想。

这就是宗教世界给我们带来的信仰力量。

雅斯培·昆德在《公司宗教》一书中认为，星巴克的成功在于，在消费者需求的重心由产品转向服务、再由服务转向体验的时代，成功地创立了一个以"星巴克体验"为特点，以"员工第一，顾客至上"为内核的"咖啡宗教"。

就像麦当劳一直倡导售卖欢乐一样，星巴克把美式文化逐步分解成可以体验的东西，比如强调气氛的管理、个性化的店内设计、暖色的灯光和柔和的音乐等。霍华德·舒尔茨为星巴克打上的价值烙印之一就是星巴克出售的不是咖啡，而是顾客对咖啡的体验。"以顾客为本，认真对待每一位顾客，一次只为顾客烹调一杯咖啡。"这句原本来自意大利咖啡馆追求卓越的工艺精神，演化为星巴克注重"当下体验"的观念——强调在每天工作、生活及休闲娱乐之中，用心经营"当下"这一次的生活体验。

正是在这种强大的精神力量的影响下，在星巴克工作的店员们被称为星巴克的伙伴！伙伴与员工的区别是，倡导"伙伴"概念是让那些年轻人成为我们的合作者，而"员工"概念则让那些年轻人变成了我们的下属。合作者会让我们共同成长，实现我们共同的梦想，而员工则是充其量满足温饱，进而实现老板们的梦想！

谁来为你煮咖啡？

——找到属于你的咖啡师

他们是群咖啡师，黑色的长围裙，熟练地玩转手里的咖啡杯，一款款、不同花型的咖啡造型在他们的手中如同"变戏法"一样。

咖啡师是让很多年轻人向往的职业，每天沉浸在咖啡馆里，听着舒缓的音乐，闻着迷人的咖啡香，帅帅地等着每位顾客的光临，同时奉献出一杯自己亲手制作的咖啡饮品。

如何才能成为一名出色的咖啡师？

网上经常有人问我这个问题，我的回答往往让人出乎意料：有些人一个月就能成为一名咖啡师，而有些人一辈子也不一定弄清楚咖啡的真正门道！

其实不止是咖啡，其他任何事情也是如此，在你真的投入其中的时候，你才会真正地喜欢它，由此才会真正地迸发无穷的力量！咖啡就是这样一种容易让人痴迷的东西，而如果你不够痴迷咖啡的话，那就永远不可能成为一名优秀的咖啡师！

在上岛咖啡工作期间，听闻很多在吧台工作多年的吧台长（负责吧台内各项管理的主管人员）竟然不会喝咖啡或者不爱喝咖啡，这样的吧台长怎么能经营好一家专业的咖啡馆呢？

迷上咖啡，是成为优秀咖啡师的先决条件，只有沉迷于其中，才能深得其乐！

咖啡的精髓是让人振奋，让人产生无限的快乐享受，所以迷上咖啡的咖啡师们自身精神状态对每一杯咖啡产品的好坏至关重要！一个穷困潦倒、蓬头垢面的画家，是不可能画出绝世名画的！咖啡师也是如此，只有用心对待自己，用心对待每一杯咖啡产品，才会让顾客获得真正完美的咖啡感受。

如今越来越多的年轻人加入到咖啡师这个职业，他们年轻有活力，但又浮躁不安分，不虚心学习，骄傲自满，沉迷于咖啡技术本身，缺乏对咖啡精神的深刻理解。

❖ 中国国际百瑞斯塔咖啡师竞赛带动了国内专业咖啡师的涌现，也推动了中国向专业咖啡行业迈进

试想，一个头发凌乱，顶着一头黄色或绿色怪异发型、打着耳环、目光呆滞或轻浮的咖啡师，能做出一杯什么样的"好咖啡"？

国内外的各种咖啡师比赛，提供了绝佳的让他们展示自己技能的舞台，技术在不断提升，却鲜有人告诉他们除去必要的咖啡技术本身外，可能更要培训职业化的举止与言行。

咖啡馆是城市精英的交流平台，服务于这个平台的人自然也应拥有"精英"特质：热情、有活力、整洁、彬彬有礼的言行举止。而偏巧这些咖啡师们大多会缺乏这些"精英"精神，缺乏咖啡馆的经营思想。一个只懂得咖啡制作，却不懂得如何售卖咖啡的咖啡师，何谈真的懂得咖啡？一个仅仅懂得咖啡产品制作，却不懂得咖啡馆如何经营的咖啡师，又何谈自己是一个优秀的咖啡管理人员呢？

投资开一家咖啡馆，咖啡师无疑是这些"人为因素"的核心，所以找到好的咖啡师至关重要，一家小小的咖啡馆，人少则要精炼，我们要的是有经营思想、有精英特质的咖啡师人才。

就我自己的从业经验而言，一般对咖啡师的选择尤其要重视以下四点。

良好的举止与言行。这是我们经营好一家咖啡馆的根本，咖啡师良好的带动能力，能带出整个团队的咖啡热情。

良好的咖啡产品技能。不但会制作咖啡产品，并且真的迷恋咖啡，咖啡师会因为喜欢一杯好咖啡，而自掏腰包到处去尝试；咖啡师会四处寻找好的咖啡，或者为了一款上好的咖啡设备而喜不自禁；咖啡师会购买大量的咖啡书籍来补充咖啡的营养；咖啡师会主动向其他从业者虚心求教，不断提升自己的技能。

深刻的咖啡理解。咖啡不仅仅是一款饮料，它也代表一种生活态度和品味。在咖啡馆工作，也不仅仅是一份工作，而是愉悦自己身心的一段历程。咖啡不仅是用来喝的，更重要的是用来提高品味的！爱好咖啡的态度，则是对人生品质生活的追求，而有追求的人，则会深受大家的喜爱。

会做咖啡更会卖咖啡。不会卖咖啡的咖啡师，也不能称得上是好的咖啡师！这的确是目前很多咖啡师自身缺乏而不自知的。每一次咖啡馆工作的经历，都应让自己多一份别样的磨炼，打开自己的心门，多与顾客交流，想办法

提升自己的咖啡生产技巧的同时，多想想如何让更多人喜欢自己的咖啡，进而欣赏自己这个人！让更多人喜欢自己做的咖啡，学会与顾客互动交流，学会销售自己，学会销售咖啡。

所以我时常问他们：

告诉我你到底有多么喜欢咖啡？

对于这家咖啡馆，你到底有什么好的经营方法？如果有请你写下来！

你怎么才能让别人喜欢你的咖啡？

什么是我们的顾客？我们的顾客又喜欢什么样的咖啡？他们又喜欢什么样的咖啡馆 / 咖啡师？

最后写给想成为 Barista（咖啡师）的吧员：

◆ 请热爱每一杯咖啡，不要浪费任何一粒咖啡豆；

◆ 热爱你的咖啡馆，无微不至地做好每件事情；

◆ 脸上挂满笑容，调整好自己每一天的心情；

◆ 试着学会品尝不同咖啡的味道，不喝咖啡的吧员永远没办法成为 Barista；

◆ 咖啡馆的卫生不仅仅局限在吧台，细节决定一切。

怎么找到这些优秀的咖啡师？

如果你要开家不错的咖啡馆，你自己又不精于咖啡的制作，外聘好的咖啡师是一个不错的方法，但是如何找到这些优秀的咖啡师呢？

微博搜寻。以我的了解，好的咖啡师，几乎都是网络，尤其是微博的活跃群体，在微博上很容易看到他们的身影，提前加他们为好友，成为朋友，就算不能"挖走"他们，他们往往也会给你指点"人才迷津"的。

豆瓣搜寻。豆瓣是一个很具人文气息的综合类网站，这里也是咖啡馆投资人及各类咖啡师聚集交流的平台，相信你一定能很快从中找到不少志同道合的伙伴。

论坛发帖。互联网真的不错，总是能发现你平时发现不到的东西。咖啡行业内比较有影响力的网络论坛有咖啡沙龙、咖啡师之家及咖啡社。

博客搜寻。从博客上也能发现很多不错的咖啡相关人才，因为博客能展示较长的文章及多种图片信息，所以博客上的咖啡人才质量是很高的。

咖啡受训或者参加活动。如今，国内已经有很多不错的咖啡机构，在参加咖啡培训的过程中相信会认识不少好的咖啡师，同时大多数咖啡培训机构都有指导咖啡馆投创的相关业务，这也能让你得到专业的支持。而参加一些网络上的咖啡相关活动也是一条不错的进入咖啡圈的途径。

通过 QQ 群查找。在 QQ 群搜索中输入"咖啡"二字，能搜出许多与咖啡相关 QQ 群，只是往往这些群大多是疏于管理的，群成员鱼龙混杂，一不小心或许遇到一个咖啡圈里的"老油条"。

而对于一家小型咖啡馆来说，我强烈建议你亲自上阵学习煮咖啡，因为小型咖啡店大多人力精简，加上餐饮行业人员流动性大，你不会煮咖啡很容易发生咖啡师空档的情况。如同很多小型餐馆一样，它们大多是夫妻档，老公做菜，老婆收钱，小咖啡馆也是这样，老板们也偷不得懒，或许店里那个老板就是最好的咖啡师呢。

相信你的伙伴

——经营好你的团队，管理好咖啡馆里工作的年轻人

先讲一个小故事。有一名男子开车带着三个孩子和特别溺爱孩子的姑妈一起去吃饭。车开了一会儿之后，姑妈转过身来，给了每个孩子一块巧克力，并对他们说："不要告诉你们的妈妈。"这名男子就把车子停在了路边，转身对孩子们说："你们可以吃巧克力，但不要让它坏了你们的胃口，因为一会儿还要

吃饭，而且要记住：永远不要害怕把任何事告诉你们的妈妈。"

　　管理咖啡馆也是一样的道理，员工在得到信任的时候，就可以焕发无穷的力量。同样，我们也应该在工作中对员工多加引导。

如何管理好咖啡馆里工作的年轻人？

　　在咖啡馆里工作的中基层员工大多是 20 岁刚出头的 85 后、90 后员工。我们这些管理者大多认为这批员工出生在新时代，长在春风里，没有受过苦，好高骛远，很难沟通，很难管理。但就我多次给餐饮基层员工培训的经验来看，事实并非如此，我们被很多错觉蛊惑了，这严重影响了我们对这一代人的管理。

　　谁定义了 85/90 后？现在的社会总是喜欢弄点新名词。没有人定义 80 前，却有了 80 后；没有人定义 70 前，却有了 85/90 后！这个定义不要紧，却产生了团队中的"阶级"差别，原来是我们这些"大人们"无形中把我们自己陷于尴尬与困惑的境地，所以在我们讲话的时候，特别喜欢趾高气扬地说一句"你们这些 90 后啊！……"或者"想当年，我们那会儿……"你看看，我们这是不是自我设限啊？所以我们做管理者，不要再给团队中的群体定性了！很多管理者喜欢给团队中的个别群体下定义、戴帽子，这无形中容易形成"倚老卖老文化"，如什么 90 后的，什么几个河南人、几个东北人……这无形中就分裂了组织和谐。管理者头脑中，只对结果负责，只对事件本身负责，其他的一概不记。马云说过：阿里巴巴的成长，全靠 80 后、90 后！所以你看所有发达的企业，他们对年轻人是非常重视的，而且是平等对待的，这样，给新鲜血液以活力，给陈旧的血液以压力，进而产生企业发展的动力。记得我在接触星巴克、王品台塑牛排这些优秀的舶来餐饮品牌的时候，他们根本没有什么"老人""新人"的说法，并且鼓励"新人"超越"老人"，企业也由此焕发勃勃生机！

　　谁说 85/90 后没有吃过苦？我今天很负责任地说一句，这句话绝对是无稽之谈！如今的 85 后 /90 后，他们吃的苦比我们多得多！要知道我们酒店餐饮行业的基层员工，这些 85/90 后大多来自普通的中小城市，甚至是农村山区，他们虽然长在新时代，但是并不一定接受到"春风般的"教育，不信你去看看那些酒店或者餐厅的员工，大学毕业的有几个？大多还是高中生、中专生，甚至初中都没毕业！而他们面临的竞争压力更大！如今这个物欲横流、金钱至上的社会，一个月工资一两千元，已经只够基本生活费，他们面临的生存压力更大，他们心里的苦你们能体会吗？记得当年我初到香格里拉酒店工作实习的时候（1999 年年底），一个月只有 450 元啊！转正之后才 750 元啊！那还是在深圳！那时候，我们没有因此而想不开，因为大家都是这样快乐地挣"这么多钱！"而如今，这些 85/90 后呢？他们也有梦想，他们也想走出大山、走出农村！但是，社会变化太快了，他们从一千元的服务员做起，要做到什么时候才能买"北京的一个厕所"呢？所以他们能在你的咖啡厅上班，就已经很不错了，他们愿意去吃苦，他们愿意通过这里走向希望的路，他们希望得到领导的赏识，他们渴望得到表现的机会！

　　用过去的方法管理未来，能有好结果吗？目前的咖啡厅管理，大多数还在延续着 20 世纪 80 年代的管理手段和方法，尤其是一些二、三线的祖国内地城市，管理思维十分官僚和保守，他们论资排辈，他们因循守旧，这些严重限制了 85/90 后的发展。要知道，85/90 后员工，虽然没有接触"春风教育"但却是经历"电脑网络教育"的一代人啊！而我本人则是 25 岁才真正会用电脑打字、会上网络 QQ，而现在的年轻人，哪一个不会用电脑？哪一个不会用网络？现在，是个信息爆炸的时代，网络普及、电视普及、报纸杂志普及，现在，85/90 后的年轻人，已经远远不是当年我们那样的年轻人——懵懵懂懂，什么也没见过。他们是什么也见过，甚至是见怪不怪了！他们要的不是大道

理，所以管理者也不要再跟他们讲大道理了！他们的大道理，比我们多！他们在信息时代，知道什么是好的企业，知道餐饮行业有个海底捞，知道有美国的连锁餐厅麦当劳，知道有世界连锁酒店万豪、希尔顿！所以管理者多多以身作则，多告诉他们怎么做就好了，告诉他们如何成为优秀企业的一员，如何实现心中的理想就好了！

你现在还希望他们能在你这里干一辈子？这是很多餐饮领导的潜意识想法，他们自己可能来自下海经商的国有企业，他们曾经在所在企业一干就是 10年、20 年、甚至是一辈子！典型的"用家园思想活在全球时代"，你让 85/90后的年轻人在你那里干一辈子，你不是害人家吗？他们在你那里干十年服务员，一个月就挣 1500 元？当年的你行，他们绝对不行！你当年还有各项保险、各项福利保障呢，而他们有吗？你当年是在家门口工作，而他们却大多外出打工。既然如此，就不要刻意设限，就不要刻意去追求 85/90 后的年轻人能在你这里干满十年，2 年、3 年就行，甚至普通职员 1~2 年就行。所以每次培训我都告诉这些基层的 85/90 后员工要老老实实地在一个企业工作 2 年以上，据说，猎头公司认可的跳槽频率也是 2 年！当然，作为企业，渴望员工流动性小、团队稳定，这也是无可厚非的。

餐饮行业 85/90 后的年轻员工究竟如何培训、如何管理呢？我也分享几点。

◆ 激发他们内心的渴望，引导他们产生工作动力

你信不信，85/90 后员工比我们更渴望成长、更渴望改变命运？他们的生存压力比我们大？如果相信，那就激发他们吧！鼓励他们创新，鼓励他们表达，鼓励他们释放青春吧！

◆ 榜样的力量是无穷的

为人上司的第一要义，不是发号施令，而是以身作则、培训下属完成任务！目前，行业内大多高层管理者，尤其是大型餐饮企业的管理者，甚至是所

谓的餐饮培训师，都是只会说不会做，然后一层一层向下，养成了官僚作风，官大一级压死人，主管都不想做事，只想指手画脚，如果领班一级也有此习惯，那么事情由谁做？由经验不足的 85/90 后做？结果可想而知。所以 85/90 后听的道理太多了，道理不能改变人，行动才能改变人！所以作为管理者，要多示范、多展示实际能力给下属，这就是最好的培训方式，基层员工自会效仿，记住，他们更向往强大、更向往专业，而我们很多企业的入职培训，都是把新员工随便交给一个所谓的"老员工"瞎带，新员工一到企业就看到了错误的榜样，自然也就有了错误的示范。

◆ 不是怕管理，而是怕乱管理

既然他们都渴望成长、向往优秀，他们自然就不担心被人家管理，只要你能让他们成长突破，他们都会接受，但是，一定记住，他们头脑中信息储备巨大，所以不要随便管理。他们懂得什么是好的管理氛围、什么是好的管理模式，他们有这些概念，你随便批评人、随便处罚，不懂得奖惩之道，不懂得如何提拔新人，他们自然不会信服你。

◆ 基层员工缺乏什么，就给他们补什么

基层员工大多缺乏安全感、稳定感。所以咖啡馆的培训不是要让他们在我们的企业干一辈子，而是告诉他们不要随便跳槽。基层员工更需要钱，但是餐饮行业的工资普遍不高，这也是行业的硬伤，所以我们更要告诉他们如何省钱、如何理财，我们更应该告诉他们挣钱的方法，所谓授之以鱼不如授之以渔。我们可以告诉他们什么是自信、什么是勇敢、什么是表达力、是什么阻碍了他们成长。两年时间让他们内心强大起来；两年时间让他们能够存下点钱，或者养成能攒下点钱的习惯；两年时间让他们能够买点实用的物品武装自己的头脑，而不是用来花费填饱肚子。这一方面，火锅企业海底捞做得非常出色，你可以好好地研读一下海底捞，看他们是如何解决员工流失、如何善待员工，

进而获得企业长足发展的。

◆ 职业化素养锻造，成就行走江湖的王者

中国的餐馆业缺人，尤其是缺少优秀的餐饮从业人才，这是不争的事实，这与我们整个社会背景有莫大的关系。但是同样也给我们优秀的餐饮业提供了人才的竞争机会。中国人多，怎么餐饮行业却缺人呢？怎么招人就这么难呢？怎么没有人愿意做餐饮工作呢？除了社会大环境的原因外，我想企业自身原因也是很多的。通过我的观察了解，绝大多数新员工在进入一家餐饮企业时最看重的都是薪金、福利、发展晋升机会及培训。但是为什么在员工离职的时候却往往是因为跟钱有直接关系呢？理由很简单，企业没有注重员工的培训，没有注重员工的职业化素质培养。当一个年轻的员工满怀希望可以通过企业的学习深造获得更好发展的时候，企业却无法提供这些发展机会与良好的培训，既然"学不到捕鱼技巧"，索性就来"打鱼"吧，"鱼"也打不到，自然就准备另谋高就了。所以越注重员工的言行举止训练、越注重员工自身潜力的开发，就越能够打动员工。餐饮行业并不缺人，也不是缺少人才，而是缺少发现人才的眼睛，缺少培养餐饮人才的企业。员工只有职业化素养不断提高，才能够提升其在人才市场的竞争力，才会真正地获得内心的满足和强大，内心强大、勇者无惧，而只有这样他们才能在各自的岗位上发挥出最大的效力。

当市场上大多数的咖啡馆还没有发现"人才"才是其生存的核心竞争力的时候，如果我们懂得发现人才、培养人才、拥有人才，就轻松拥有了咖啡馆的美好未来！

第四章
成功经营咖啡梦

　　咖啡馆的经营不同于其他餐饮项目，如果说中餐厅是解决顾客的"肚子需要"的话，那么咖啡馆正是解决顾客的"脑袋需要"，咖啡馆在中国对于大多数人来说，哪怕是对于大多数靠咖啡馆生存者，都不算是生活的必需品，这点也成就了咖啡馆的独特经营思路，那就是：一切与咖啡无关！而任何生意都有窍门可循，咖啡馆的经营也不例外，找到这些经营窍门，逐一强化，就一定能让你的咖啡馆经营步入良性轨道！

一切与咖啡无关

——在大多数情况下人们不是因为生理需要才去咖啡馆，所以咖啡馆的经营
很多时候与咖啡本身无关

为什么星巴克总能够超越地域和观念的鸿沟，成为现代都市白领不可取代的精神加油站？在《星巴克·一切与咖啡无关》这本书中，我们可以看到：每一杯星巴克咖啡的背后是由精细的执行力所体现出的服务理念，而在这背后，则是人与人之间关系的洞察与尊重，所以星巴克才有机会成为特别的文化大师。

上面这段话，是伊利集团董事长潘刚为《星巴克·一切与咖啡无关》中文版写的封面推荐语，而这本书围绕着"没有人，就不会有咖啡"这一主题，深度剖析了在星巴克的世界里独特的人文世界观：注重员工成长，注重顾客关怀。而这对我们的咖啡馆投资的借鉴意义在哪里呢？一个拥有全世界超过一万家的超级咖啡品牌，它给我们这些初次创建一家符合中国人需求的咖啡馆的投资人的借鉴意义到底在哪里呢？

◇ 星巴克总裁 霍华德·舒尔茨

我想，解答以上问题，不得不从"品牌经营"这个话题谈起，这个话题很大，但我想言简意赅地给你些参考意见。

经营品牌就是经营印象！

我们都知道世界著名运动鞋品牌Nike吧？当我们看到无数的年轻人为拥有一双"酷酷的"Nike而欢呼雀跃的时候，我们不得不由衷地赞叹Nike做的鞋真棒！但是殊不知Nike的生产工厂就设立在中国的东莞，而你脚下穿着的、引以为豪的"Nike"很有可能就是出自我们中国劳动人民之手。而类似的国产运动品牌价格便宜，为什么销量却远远不及 Nike、Adidas 这些舶来品牌呢？为什么同样的"made in china"差别就这么大呢？原材料进价不同、人工成本不同、造成的价格不同？不对啊，不是都由中国本土生产的吗？显然不是产品本身成本的原因。那么是设计的款型原因？嗯，这方面的确会有部分原因存在，国际最一流的设计师为国际最一流的公司服务，设计出最流行的产品，但是，国际一流设计师未必能迎合中国市场吧，何况中国与世界也早已接轨，我们的设计师完全能设计出更贴近中国人需求的款型。那么，到底是什么原因呢？

当篮球飞人——迈克尔·乔丹穿着 Nike 球衣出场的时候，我知道了答案；

当足球先生梅西射门，成功亲吻他的球鞋的时候，我知道了答案；

当小威廉姆斯身穿 Nike 战袍，一次次捧起网球冠军的时候，我知道了答案。怎么只要一流的运动员出场都是"Nike"、"Adidas"？原来这就是品牌的力量，它更能深层次地满足消费者的心理需求，而心理需求的满足，是其他的外在因素所不容易替代的。因此，Nike 的品牌经营给我们的答案就是不只是做鞋这么简单！的确如此，与其说 Nike 是一家生产运动鞋的公司，更不如说 Nike 是一家设计公司、是一家广告宣传公司、是一家生产世界冠军的公司！

Nike，Adidas 如此，其他国际大品牌也是如此。

麦当劳：我们不是在卖汉堡，我们是在销售快乐。而实际上，我们早已经知道，麦当劳的真正获利点却是房地产，麦当劳更像一家房地产公司。

我们并不了解那些所谓的世界一流品牌，但它们的确在影响着我们周围的世界。我们甚至都不知道什么是"LV"、"CHANEL"，但是我们一定知道那是一种奢侈品，是代表一种"身份"，这恰恰就是这些奢侈品的"印象"定位。

记得央视某著名主持人去美国某大学交流时提到一个典型的"印象营销"

案例：我们很多中国孩子，从小就知道一个"著名美国餐饮品牌"，叫做"美国加州牛肉面大王"，当时，我们就认为你们加利福尼亚州人也是吃面条的，结果我一到美国加利福尼亚州，就到处找"牛肉面"，可是没找到！而这个"美国加州牛肉面大王"也的确在中国大陆发展壮大超过近300家。

在《星巴克·一切与咖啡无关》一书中，星巴克的掌门人霍华德·舒尔茨反复提到：我们不是在经营那种卖咖啡给客人的生意，我们是在经营一项提供咖啡的人的事业。而这种"经营提供咖啡的人的事业"的思想也的确渗透在整个星巴克品牌的"印象"营销活动中：市场上几乎所有的书籍、媒体、网络、杂志都在津津乐道星巴克的人文关怀；星巴克的"顾客体验式"消费；星巴克的"城市里的第三空间"概念。

我不敢说，这些"印象"是来自星巴克公司的营销部门的刻意公关，但是，这些"印象"的确铸就了星巴克在中国的辉煌！事实上，从那些从国外回来的朋友们那里知道，星巴克在美国无非就是"小卖部里的小柜台"，或者是地铁站台上的"流动咖啡车"而已，而在中国却被形容成"咖啡巨头"、"世界第一"、"城市精英的客厅"！这也是星巴克让中国的白领们、"小资们"趋之若鹜的首要原因，在他们眼中，去星巴克喝咖啡，就是一个群体的象征。而这个"群体"的概念则被星巴克等众多优秀舶来品牌描述为"白骨精"群体。星巴克到底在国外是什么局面，是否真的那么神奇，我们暂且不去深究，中国的消费者是不顾及其在国外到底是什么局面的，何况就算提了，也未必有人相信，因为星巴克在中国还是"名不虚传"的：便利的地理位置，醒目的招牌，宽敞的店面，富有质感且色调和谐的装修环境，远远就可以闻到的咖啡香气，举止亲切的店员，一杯量大十足、口感还算不错的咖啡饮品，加上可以外带的服务，还有……这样的品牌印象，的确远非国内那些"某岛咖啡"之流所能够比拟的！

咖啡是典型的舶来品，它更多的是承载着西方咖啡馆文化，或者以此为基础延伸出去的具有中国本土特色的"城市精英文化"，而能否把两种"文化概念"做足功课，就是我们咖啡馆经营的精髓所在。我个人对星巴克的评价：咖啡品质还可以，算不上极佳，但是的确较国内普通咖啡厅的咖啡要好些。星巴克的咖啡生豆大多来自世界各地的大众产区，生豆本身的品质很普通，甚至最近星巴克还在中国的云南大肆建设咖啡豆工厂，大量采购云南的咖啡生豆，经过"星巴克式烘焙"，就变成了全世界都津津乐道的星巴克咖啡，星巴克式烘焙本身就属于中深度烘焙，任何咖啡生豆经过这样"深度"的烘焙，都会变成一个味道，有时我都怀疑，如果把黄豆经过"星巴克式烘焙"，是否也可以变成星巴克咖啡？这本身就没有什么太深

◆ 鲜明的星巴克LOGO让它在中国已经变得不仅仅是杯咖啡那么简单

的学问，何况中国的确没有太多人真的懂得品味咖啡，我们选择"星巴克"这三个字，可能已经多过了选择"星巴克咖啡"这五个字！

经营品牌，就是经营印象。经营咖啡馆也是在经营咖啡馆印象。所以在投资咖啡馆之初，我们就要反复问自己：我的咖啡馆要给人什么印象？在上面的文字中，我们已经清晰地认识了星巴克成功的秘密，我们也清晰地认识到，咖啡馆在中国的核心文化是，传承西方咖啡馆文化，或者以此为基础延伸出去的具有中国本土特色的"城市精英文化"。经营品牌就是经营印象，谁能把这种"城市精英文化"更好地诠释，谁就是中国咖啡馆中的佼佼者。由此看来，咖

啡馆的经营与咖啡本身无关。在经营中充分营造这一"印象",这就需要我们敏锐的市场洞察力了。

此时,我们已经确立了"营造咖啡馆印象"的主题,那么下面的内容则更多地侧重如何营造这些印象了。

经营品牌就是经营印象

——我们的顾客大多时候是凭印象来选择他们的需求

在本章第一小节,我们知道经营咖啡馆的真正核心竟然是"与咖啡无关"!经营咖啡馆与咖啡无关,那么到底跟什么是有关的?答案是:顾客印象!这个"印象"就是顾客在消费过程中对咖啡馆的感觉。咖啡馆作为舶来品,对于大多数人来说还是充满了神秘、诱惑和好奇的。咖啡在中国被赋予更多的文化含义,它不仅代表了西方的"品质"文化,更代表了中国城市人群中的"精英文化",于是在中国,咖啡馆也不仅仅是一个喝咖啡的地方,它变成了某种精神的载体、某种文化的符号、某种群体的集合平台,一切与咖啡无关,一切只关乎顾客印象。

我们清楚地知道了经营品牌与经营印象间的互动关系,而对于咖啡馆来说,又怎么能经营好印象呢?

关键时刻(moments of truth,MOT)理论是由北欧航空公司前总裁詹·卡尔森创造的。他认为,关键时刻就是顾客与北欧航空公司的职员面对面相互交流的时刻,放大之,就是指客户与企业的各种资源发生接触的那一刻。这个时刻决定了企业未来的成败。

北欧航空公司詹·卡尔森总裁提出,平均每位顾客接受其公司服务的过程中,会与五位服务人员接触;在平均每次接触的短短 15 秒内,就决定了整个公司在乘客心中的印象。故关键时刻定义为与顾客接触的每一个时间点，它是从人员的 A（Appearance）外表、B（Behavior）行为、C（Communication）沟通三方面来着手的。这三方面给人的第一印象所占的比例分别为外表 52%、行为 33%、沟通 15%，这是影响顾客忠诚度及满意度的重要因素。当然，这里是突出了人与人之间互动的关键时刻，其实，除了这些人与人之间的互动关键点，还有很多顾客与店铺所有人、事、物接触的关键点，抓住这些关键点，就能赢得顾客的良好印象！

也就是说，我们把顾客从进店的那一刹那起直至离开店铺这个过程分解开来，强化部分环节中的关键点，就能很好地打造出独特的顾客印象了，这也就是星巴克津津乐道的"顾客体验"吧。

什么是顾客印象？从佛家角度来讲就是色、香、味、触、法五种感官功能的感受了。色在第一位，也就是打造顾客印象，第一就从"管理好顾客的眼睛"开始，这也是所有经营良好的咖啡馆的第一核心秘密！

经营顾客印象的十条黄金法则

入门的一刹那，印象的第一步

很多时候，顾客就是在进与不进这一刹那决定了他对整间咖啡馆的印象，所以留有印象的门头招牌很重要。

我记得在雕刻时光咖啡馆负责店铺选址工作的时候，那里的老板特别问道："房子朝哪个方向？采光好吗？门前有树吗？附近都有什么建筑？"当时，我还感觉这老板真有意思，开咖啡馆怎么弄得跟看风水一样，还关心房子朝向，还关心门前是否有大树。后来，随着选址经验的丰富，越来越深刻感受到，这些方面真的很重要。店铺门前的状态，直接影响到顾客最初的消费决策。

在网上搜索各类国外的咖啡馆，或者我们仔细观察国内星巴克、咖世家等国际大品牌的咖啡馆，发现他们是非常重视店铺门前状况的。房子朝向问题，直接影响到了店堂内的采光效果，同时采光的时间长短也影响到了该特定时段顾客消费的欲望与顾客消费的时长；而门前的树木则非常适合改善采光条件，并且有效地提升了店铺的室外环境。试想一下：暖暖的阳光，窸窣地透过树叶照进延窗的位子上，那是种什么样的感觉啊？

同时，通过观察国内外的咖啡馆，我们还大致发现一个规律：很多咖啡馆会在门前或延窗位置摆放些植物或者盆栽，有些还会在窗框上装上帆布雨搭，如果条件允许还一定会在室外摆放些太阳伞，或者活动黑板。

所有做的这些，当然绝非偶然！也绝非简单地延续欧洲咖啡馆文化的传统风格，而是的确有其独到的用处。遮挡阳光、改善环境自不必说，更为关键的是改变了店铺的经营"气场"。"气场"这个词，的确有点玄虚，不过，不管你相不相信，你都不会否认它的存在。

我曾经在上岛咖啡系列担任高级职业经理人，记得早期的上岛咖啡，其装修风格，包含其经营定位，都或多或少地在延续日本和中国台湾复合式咖啡厅风格，当这样一家咖啡馆"带有舶来品印记"的时候才容易打动当时的祖国大陆消费者的心，因为它们的主题是"源自台湾，香闻世界"，这也算是上岛咖啡系列能够扬名中华的关键因素。随着上岛系列的加盟店增多，上岛的很多优秀传统反而都开始被冲淡了。原来的上岛咖啡，一进入店铺就能明显感到：台湾人开的，是源自台湾的。而如今这种"台湾概念"早已不复存在，这在北方地区的上岛咖啡以及新近开启的上岛咖啡装修中尤其缺乏"台湾精神"。一家没有"台湾概念"的台式咖啡厅，你自然可以想到其经营的后果。从目前上岛咖啡系列的逐步没落来看，"台湾概念"的流失，正是其中的原因之一吧。反观早期南方地区的上岛咖啡，却有很多吸引人的亮点。

**招牌黄色底、黑色字，店铺有多长，
招牌有多长！** 黄色是最显眼的颜色，黄
黑搭配非常抢眼，加上超长的招牌，组
成了城市里一道黄色记忆带。

门前摆放植物，延窗种花草植物。
这也是南方上岛咖啡保留的台湾系咖啡
馆的优秀传统。这样的好处：改善了环
境，优化了气场，同时，还有一个奇特
的好处就是防止了室外停车靠近玻璃太
近，影响延窗座位的观看角度。否则，

◆ 上岛咖啡的经典店招形象：文化石、胡桃木、黄色招
牌、罗马窗帘、落地玻璃及室外绿色植物一个都不会少

如果不做这些类似植物围栏的巧妙设计，搞不好自行车也会停在招牌下面的窗
边呢。

招牌下面设置部分菜品照片。 从咖啡、名茶、果汁到西餐、中餐，品种丰
富，颜色亮丽，这能很好地传递我们的主要商品，容易让顾客清晰定位。

延窗玻璃上贴上产品色带。 内容大多也是原豆咖啡、精品名茶、商务套餐、
西餐牛排之类，虽然俗气，但是的确加深了顾客的记忆点。

而北方地区的上岛咖啡系列只保留了其中1条，即招牌要大，要醒目，其
他的一概取消，从此逐步衰败，这或许也是南方上岛咖啡系列相较北方生命力
更强的原因之一吧。

所以你在投资咖啡馆的时候也一定要先留意店铺的周边环境，如果周边环
境都是些小卖店、修车铺、五金店，就算地段再好，顾客也误认为你和他们是
"臭味相投"的。

如果你的店已经开张，如果条件允许，不妨从以下几个小角度，改善一下
你的店铺给顾客的初始印象。

◆ 设置室外音箱，播放好听的音乐。很多时候，店未到，美妙的音乐就已经传递过来了，好听的音乐足够吸引每一个有感觉的路人。

◆ 活动的手写黑板。记住一定是活动的手写黑板哦！不要用喷绘式的海报架，不要用些白色的马克笔海报架，也不要想当然地弄些发光的夜光黑板，弄得跟酒吧氛围一样似的。手写黑板有诸多好处，一来可以以最快的速度作出营销调整，二来可以适时传递丰富的信息给顾客，这是那些需要设计周期的喷绘海报无法达到的效果。当然，手写黑板内容绝不限于特色菜品/饮品，也不限于营销活动，它可能还可以嘘寒问暖地问一句：今天，天气不错，相信你会有一天的好心情！

◆ 如果你店铺的周边较为凌乱，会有其他店铺抢占生意，或者门前车辆容易乱停乱放，不妨试试在你的门头招牌上方设置一个旋转的舞台灯，晚上开启的时候灯光旋转，还可以有不同的图案和花型。这样会给你带来两个好处：一来吸引过往顾客的眼球；二来灯光映到地面上的图案，有"圈地"的效果，防止其他车辆乱停乱放。

◇ 咖啡馆门前有趣的黑板展示

◆ 而对于白天，则可以悬挂国旗，或者摆放吸引眼球的特色主题雕塑，这样也很能吸引顾客的注意力，顾客被吸引了，进入的可能性就增加了，消费的可能自然也会随着增加。

◆ 门前一定要摆放或悬挂些植物，摆放植物的好处：告诉顾客店铺的进口在哪里，有很多店铺门太不起眼了，放些植物可以很好地吸引眼球，当然植物可以适当简单布置，效果更好。当然，对于商务类型的咖啡馆，如果条件允许，门前还可摆放些太阳伞。当然也可以是其他的吸引顾客注意力的东西，如下面几款非常有意思的提示牌。

◇ 咖啡馆门前很有特色的指示牌：公交站牌、箭头指示、消费提醒

◆ 延窗的吊灯可以再低一点！很多咖啡馆都喜欢用些吊灯来装饰店面，但往往吊灯的高度过高，甚至接近于吸顶灯的效果，那吊灯的效果何谈呢？其实吊灯除了很好地调节室内的光源外，延窗部分的吊灯更为重要的是让室外的人"感受室内的温暖气息"！所以吊灯距离地面的高度最好还是以你从室外能透过窗子感受那温暖的气息为宜，当然，如果条件允许还可以在延窗位置摆放小台灯，这样也会让人感觉暖暖的很亲近呢。试想，

◇ 咖啡馆内的灯光效果及店堂色彩搭配

119

一个冬夜，我们路过一家咖啡馆，透过玻璃窗，看到一盏暖暖的昏黄的吊灯，是什么样的心境呢？"外面很冷，里面很暖和。""进来坐坐吧。""我在咖啡馆等你。"

当然，给顾客行人的初始印象莫过于你漂亮的、引起他们驻足消费的店名了。记住，不要试图弄些过于复杂的，或者卖弄古文，或者"没人读得懂的""希腊文"或"甲骨文"，除非你面对的顾客群就是那些"特殊"、"少数"群体。

进门的那缕咖啡香，印象的第二步

穿梭在商场的走廊，不经意间闻到一丝咖啡的香，随之精神一振，索性，放下心中的一切烦恼，一头扎进商场一角的星巴克，尽情享受浸在咖啡杯里的时光。

当顾客推门进入一家咖啡馆，最想感受到什么呢？莫过于一张笑脸和那一缕浓浓的咖啡香了。所以大多中型的咖啡馆，一般会将吧台设置在进门容易看到的位置，一来方便招呼客人，二来就是让顾客一进店门就能感受这缕咖啡香气。

咖啡香气，往往来自好的咖啡豆子本身，当然，如果你对店铺经营的要求没有那么高，也不妨试试，每天用电磁炉煮沸些咖啡渣，或者上网买些咖啡香精或咖啡蜡烛，给店里增加些咖啡香气。

当然，除了应有的咖啡香气外，顾客还会体会店铺的温度带给他们的温暖感受，因为任何设施设备都无法替代进门时看到的咖啡师或服务员的那张真诚、自然、亲切的笑脸。

专业的吧台陈列，印象的第三步

吧台是一家咖啡馆的经营关键岗位，这里承载更多的往往是顾客点单、产品制作、结账收费的功能，岗位至关重要，其陈列更是关键。

绝对不要让酒精抢去了咖啡的风头。很多咖啡馆的老板们，总是想当然地把鸡尾酒和咖啡同样看待，要知道，这两种产品并非那么容易和平共处，鸡尾酒针对的顾客群体与咖啡针对的顾客群体往往千差万别。当然，并非咖啡馆里不可有"cocktail"这类产品，而是的确不宜过多、不宜突出，所以吧台处不必摆放过多的洋酒，更不要摆放中国白酒，无论我们的投资人是多么的有来头，在咖啡馆吧台显眼的位置摆放一瓶"五粮液"都是绝对不合适的。

◆ 北京某著名咖啡馆的专业吧台陈列

杯具的陈列。错落有致，以拿取方便为宜，一定注意干净卫生，及时擦拭，避免灯光直射以减少灰尘。

咖啡豆罐及原辅料陈列。咖啡豆罐可以适当地陈列，既实用又美观，不过一定要注意这些瓶瓶罐罐的商标朝向，一致对外，这样才不会显得凌乱。

蛋糕柜的陈列。很多咖啡馆会在吧台位置摆放一个蛋糕柜，用以摆放些糕点、水果或者冷饮，同样也要时刻保持蛋糕柜的玻璃面没有指痕，同时也要经常从吧台走出来看看蛋糕柜内的物品陈列是否整齐，标签是否对外。由于蛋糕柜内非常干燥，为了防止蛋糕干燥开裂，还可以在蛋糕柜的角落摆放一杯柠檬水，增加蛋糕柜内的湿度。

菜牌展示。目前，商务类型的中小型咖啡馆，大多会选择把菜单直接悬挂在吧台后方墙壁的方式，这样顾客一目了然，有效提升点单的速度，同时精心设置菜单项目及菜牌的颜色搭配，也是吧台最为亮丽的风景。而对于很多休闲式的中小型咖啡馆，则可以采用单独设计折页菜单方式进行，让顾客先就座，从而在桌面点单，这更符合中国人的消费习惯。很多个性化的咖啡馆还将折页菜单设计成各种形状，甚至直接采用牛皮纸笔记本，采用手绘方式，非常吸引顾客眼球。

精品陈列柜，印象的第四步

◇ 咖啡馆的室外菜单及吧台菜单展示

大多数好的咖啡馆，如星巴克或雕刻时光咖啡馆，在进门的显著位置、吧台旁侧，都会摆放一个精品架或陈列柜，摆放的东西品种丰富，但是都很有特色，有咖啡杯、咖啡豆、咖啡书籍、红酒、文化衫、小玩偶、小笔记本、小张贴画、手工艺品、女性饰品，甚至男士的烟斗、火机，产品大多是些精选出来的特色商品，在外面的商场里是不容易找到的，很多甚至是国外的旅游纪念品，这些产品可不是随便摆摆，它们至少传递出两个重要的信息：①这是家有品位的店，因为这些都是有品位的产品；②这家店的主人，很有品位，否则去哪里弄来这么多有品位的产品？有品位的人吸引有品位的群体，这就是吸引力法则。

◇ 咖啡馆内的精品柜展示区

城市里的第三空间，印象的第五步

　　大多数咖啡馆尤其是商务类型的咖啡馆，大多会把咖啡馆定义成城市里的"第三空间"、城市里的"会客厅"。那么会客厅是什么概念呢？我们先想想我们自己家里的会客厅吧。一张长方桌子，围着几张简易沙发或者椅子，旁边一个落地书架，架子上些许自己淘来的书或者有趣小饰品，"客厅的主人"亲切地招呼着我们就座，送上一杯香茗或咖啡，几碟小水果或者小点心，就此一场轻松的"茶话会"就在"客厅"开始了。

　　咖啡馆里到底要有多少私密性？我想这个不能一概而论，主要取决于我们的商圈定位，以及我们对市场的准确把握。我们不能说星巴克里没有一个包厢就说它私密性不够。事实上，坐落于商场楼宇里的星巴克，是很多企事业单位开小会的最佳场所，这里还可以签订商务协议，甚至谈情说爱。就我个人观点，坐在星巴克的人，在坐下的那一刻，已经忘记了周围，只记住了手中的咖啡和坐在对面的人。当然，这和大城市里众多的外来人口，以及当今社会人情冷漠有一定关系，但也不可否认的是"不做亏心事，何必太隐私"呢？宣扬这种开放的、真诚的、自然的"客厅"消费观念，我想应该是未来的一大趋势，抓住趋势，才容易掌握未来。当然，适当的隔断是需要的，毕竟要考虑整体的空间美观，以及提升桌面的使用率。

　　此外，中小型的咖啡馆，由于面积问题，也不适合设置过多的包厢，一来占营业面积，二来也降低了翻台率。

家的感觉，印象的第六步

　　从事服务行业的人，经常会提到：让顾客感受到

◆ 咖啡馆已成为城市里的
　"第三空间"

123

家的感觉。那么，家的感觉是什么呢？家具不必豪华，但一定是干净的；环境不必优雅，但一定是舒适的；器具不必华丽，但一定是亲切的。而综合这种感觉，可以在很多优秀的咖啡馆品牌中，找到影子。所以就有了"家一般"的咖啡馆：咖啡馆可以开在胡同或者院子里；院子或者门前可以有棵石榴树或者柿子树；大厅里的沙发可以是碎花的，像我们家里的被面儿一样；窗台上或者书架上可以摆放一盆儿绿萝或吊兰，像家里阳台上爷爷奶奶种的一样；洗手间可以放些小盆栽或者情趣小摆件，就像自己家的洗手间一样；窗帘或者隔断可以是粗布材质的，就像自家窗边晾晒的衣服；书架上再摆个小闹钟，或者几个儿时的玩具，仿佛家里有了孩子的嬉笑声；在墙角老式床头柜上放一把吉他，在墙上挂一张奖状或全家合影吧，尽管照片发黄，但是情趣盎然……家就是这样的，不经意间的随意，却让人倍感亲切、舒服、难忘、留恋。

曼妙在空气中的音符，印象的第七步

合适的背景音乐，我们虽然无法触摸到，但是它对于咖啡馆里的人来说，如同空气中的氧气一般存在，有它神清气爽，无它一切索然无味。我通过仔细地观察调研，发现现在经营好的咖啡馆，主要有三类风格的背景音乐。

第一大类：以西方钢琴、吉他、竖琴等轻音乐为主。

第二大类：以西方歌曲为主，这些歌曲又大多根据各自的装修风格选择静静的歌曲，如法式情歌，或者小野丽莎的歌曲之类；要么就是选择动感节奏的爵士布鲁斯风格歌曲。

第三大类：国内原创歌曲，采用这类型的背景音乐的咖啡馆大多是特色景区或者胡同内的咖啡馆，装修古朴典雅，主打怀旧复古风。

既然背景音乐如此重要，为什么我们在很多咖啡厅听的却全部似曾相识呢？要么就是神秘园、班得瑞的歌曲，要么就是奥斯卡金曲合集，要么就是萨克斯金曲，仿佛全世界会谈钢琴的就只有理查德·克莱德曼，或者郎朗，而英文歌就只有"昨日重现（Yesterday once more）"或"我心永恒（My heart will go on）"这些奥斯卡曲，甚至有些咖啡馆里还播放二胡、葫芦丝、古筝！美其名曰：好听。我倒想问问，好听是好听，但是合适吗？到底背景音乐是放给顾客听，还是放给某个咖啡馆里的员工听？

找不到合适的、特别的背景音乐，主要有两个原因：不知道哪里买、不知道买什么。因为歌曲名字也不知道，歌手名字也不知道，反正是英文、法文听不懂，网络搜索都不知道从何搜起。

这里提供几个常见的特色咖啡馆里的背景音乐碟，方便投资咖啡馆的朋友搭配使用。这些音乐碟可以去亚马逊网站上购买。

阿隆·尼维尔《温暖你的心》（CD）、《小野丽莎精选集》（4CD）、《咖啡物语》（2CD）、《至爱的肯尼吉》（萨克斯风精选集）、《天籁钢琴Windham Hill 25周年钢琴名曲集》（2CD）、恩雅《白金套装》（5CD）、《雅尼绝美的诗篇》（4CD）、《班得瑞典藏全集》（12CD）发行15周年纪念套装、艾瑞莎·富兰克林《玫瑰人生》（CD）、《莎拉·克劳克兰专辑》、神秘园《4CD珍藏全集（附精美画集+大海报）》……

以上音乐碟发布于亚马逊网站，价格都很低廉，很值得购买，这也仅仅是一小部分适合中小型咖啡馆播放的背景音乐，更多的好音乐，还要我们在经营中用心地去积累、去发现。这些光碟购买后，不要直接使用光盘播放，而是把它们都导入电脑，通过电脑播放。有些音乐是纯音乐，有些是有人声的，能够做得更好的是，进行很好的混搭，不要播放专辑，这个就考验大家现场的听力了，但是有个原则是考虑

◇ 适合在咖啡馆里播放的音乐CD

时间因素。吃饭时间放些节奏稍快的，有人声的有助于消化，而下午茶或者晚饭后放些舒缓的音乐比较舒服。

　　备注：建议不要播放中文歌曲，尤其是不要播放中式民族器乐，如葫芦丝、二胡等，以及中英文歌翻唱版本等，尽管很好听，但是和环境十分不合拍。

柔和的灯光与舒适的色彩，印象的第八步

◆ 咖啡馆里舒适的装修与色系搭配

◆ 咖啡馆里的灯光大多以"点"光源为主

126

咖啡馆里的灯光不同于那些中式餐饮，传统的中式餐饮讲究富丽堂皇，大量使用筒灯，所以灯光一亮一大片，亮亮堂堂的，而咖啡馆特别强调氛围，不需要强烈的灯光。柔和的灯光，甚至是小台灯，更能让人静下心来思考，慢慢品味一杯好咖啡。所以咖啡馆里的灯光大多以采用暗光源为主，即不会直接看到灯泡的采光方式，如使用落地灯、台灯、吊灯、墙壁投影射灯等方式。这样光线更柔和，此外，这些灯光再搭配特色的装饰画，以及丰富的墙壁色彩，能让整个餐厅有种独特的意境，让环境更有品味。

开心的笑脸和那一杯好咖啡，印象的第九步

环境再好，再有感觉，也不要忘记顾客来店的根本目的是享受一杯好咖啡，享受一次好服务，得到一次好体验。所以在这里以咖啡为主打的产品系列还是很关键的，但是咖啡的好与坏的确跟每个人的心情和印象有莫大的关系。有很多时候，咖啡好坏不重要，喝咖啡的地方很重要；咖啡好坏不重要，喝咖啡的人的心情很重要；咖啡好坏不重要，与谁一起喝咖啡很重要！

◇ 微笑的星巴克

微笑的咖啡师才能造就一杯让人精神振奋的好咖啡！这在之前的章节已经多次提到这一观点了，所以投资咖啡馆的你，一定要让我们的咖啡师们精神起来，打起精神做好每一杯咖啡！咖啡是有灵魂的，是有生命的，所以它也会受到咖啡师自身情绪的影响。依我个人观点，就不是很喜欢国内很多咖啡馆里的咖啡师，甚至包含部分星巴克里的咖啡师。其中重要的原因就是那里的咖啡师们头发散乱而不够整洁、精神，没有状态的人，不可能做出有状态的产品！此外，就单从产品本

身而言，精致的出品器皿也能够提升顾客对产品的印象，毕竟国内的咖啡行家还是为数不多，顾客是很容易"以貌取啡"的。

在咖啡馆里面摆放些：咖啡生豆；各种烘焙程度的咖啡熟豆；各个产区装咖啡豆的麻袋；特色的咖啡器具以及各种生长阶段的咖啡树、咖啡花、咖啡果照片，如果有条件还可栽种两三颗咖啡树苗，都能加深顾客对产品的印象，因为相信大多数顾客喝过咖啡，却未必见过咖啡豆，见过咖啡豆却未必见过生的咖啡豆，见过咖啡生豆又未必见过咖啡树、咖啡果、咖啡花，甚至整个咖啡的生产烘焙过程。

◇ 咖啡馆里的咖啡麻袋展示及可供顾客直接接触的咖啡豆

要让顾客领略美丽的咖啡农场风光、咖啡的采摘、咖啡豆烘焙、咖啡拉花技艺的展示，可以通过网络下载的各类视频来完美呈现。一台电视机，滚动播放这些专业的咖啡知识，表面上是在分享咖啡知识、普及咖啡文化，实际上更重要的是在强化顾客对店铺的专业咖啡馆印象。

小小细节，大大情怀，印象的第十步

好的咖啡馆管理都是注重细节的，顾客总是在咖啡馆中不经意间发现惊喜。从洗手间门上的特色标示，再到墙壁上、台灯上的一小段留言，再到楼梯转角的、顾客在纸巾上的留言，再或者是在书架上翻到了自己儿时的一本小人书，或者一个儿时的玩具，这一系列的小细节，无不触动着顾客每一根敏感的神经。一切与咖啡无关，只在乎这一段如水般的心境。

◆ 从左至右依次为：查理布朗咖啡馆里的史努比、雕刻时光咖啡馆里的海报及餐巾纸留言条、伟大航路咖啡馆里的小摆件

咖啡馆的核心产品

——咖啡馆大多时候是满足顾客的心理需求，而舒适的环境氛围就是咖啡

馆的第一核心产品

咖啡馆的核心产品到底是什么？什么才是咖啡馆，尤其是中小型咖啡馆的核心竞争力？这是众多咖啡馆的经营者早期投资的最大困惑。

要回答这个问题，我想我们不要凭空回答。我们要多关注那些经常出入咖啡馆，尤其是中小型咖啡馆的顾客们，他们的需求是什么？所谓没有调查就没有发言权，我也依据我多年的从业经验，给你做若干分析。

产品？当然，产品对于任何一个公司、任何一个品牌来说，其重要性都毋庸置疑，它满足了顾客的基本需求，但是，很多咖啡馆的产品似乎并没有什么特色，分量少，还不够便宜，但仍能够做到顾客盈门。那么是装修档次吗？我

想这更是没有说服力了，因为对于多数中国人来说，尤其是如果你要在二、三线城市开设咖啡馆，咖啡馆规模的大小，对于他们来说，就是第一档次。只要规模足够，档次也就上去了；只要规模小，就是贴金贴银也显得"憋屈"。而国内的咖啡馆，大多规模不大，尤其是本书重点介绍的中小型咖啡馆，规模更是小的"拿不出手"，北京南锣鼓巷里最小的咖啡馆，甚至只有 12 平方米。这让那些驱车前往的大老板们去消费，肯定难有档次之感。

那么对于我们这些中小型的咖啡馆，什么才是核心竞争力呢？

我想还要寻根溯源，多想想我们梦想中的咖啡馆的样子，这才有了本书第一章就在描述我们的美丽咖啡梦。你会发现我们的梦境是那么相似：一个不必繁华的街角，高大的落地窗，阳光可以透过纱帘或雨廊折射到距离窗子最近的台子上，推开厚重的木门进去，迎面一阵咖啡的香，顿感精神一振，咖啡师傅热情而亲切，招呼着你我，点一杯熟悉的美式咖啡，坐在角落或者床边，脱下大衣，顺带也脱下俗世的烦恼，翻看报纸，等朋友，不，朋友已经坐在对面，随意地交谈着，一首爵士老调，弥漫在这个世界里，的确热闹，但是意外的是，我的心很静，很静……

这就是几乎所有爱好咖啡馆的人共同的咖啡梦！把这段描述浓缩成一个词，即舒适。对，舒适，就是咖啡馆经营的秘密！这就是中小型咖啡馆经营的第一竞争力！

舒适的环境氛围是咖啡馆的第一核心产品

什么是舒适呢？舒适最直观的展示就是咖啡馆环境氛围的舒适。

因为顾客对直接有感知的东西更有感觉，而咖啡馆就是在经营一种感觉，经营一种让顾客感觉舒适的感觉。咖啡馆的环境就是顾客最有直接感觉的东西，所以能够让来店消费的顾客产生符合其当下需求（生理或心理的）的舒适感觉，就是咖啡馆经营的第一秘密。

咖啡馆的环境主要由硬件设施和软性装饰组成，其中硬件设施主要包括墙壁、沙发桌椅、吧台设计、店铺水景假山等造景设施、大造型灯及装饰灯具、钢琴台等大项设施及设备。由这些部分主要来自项目前期的装修设计，运营工作人员进场后，已经不易变动。所以后期的软性装饰至关重要。

软性装饰主要包括窗帘、珠帘、装饰品摆件、相框油画、主题墙、绿植或干花、背景音乐等，这些部分琐碎繁杂，单个项目花费不是特别高，但是容易出彩！需要店铺管理人员及投资人共同花心思完成。

现将几个常用的或者特别值得推荐的方式、方法分享给大家，大家根据各自店铺所在商圈酌情选用。

❖ 咖啡馆搁物架上的小绿植物、小相框及小摆件

绿植及干花布置

绿植现在在市场上有部分花店可以提供租摆服务，所以这些花店一般都可以推荐如何摆放，以及摆放何种植物，相关费用各地不等，少则五百，多则每月上千。这个部分可根据各店的实际情况来进行，而我推荐的是自行买来自己养，因为这些植物中有些是不好养的，有些十分好养，如一些喜阴的绿叶植物和一些水培植物。知道了其中的窍门自然就很省钱，费用相当划算。

干花或高仿的塑胶花也是可以选用的，尤其是在一些角落或包房内，由于光线通风问题，这些假花是个很不错的选择，不但可以起到装饰作用，而且运用得当还可形成隔断效果，增强了店铺的私密性。在这方面一般有经验的花店

人员都可以作指导。

主题墙

　　店铺经常会有些空置的墙壁，十分影响整体氛围。主题墙可以做成油画墙、喷绘墙、留言墙、相片墙、书籍墙、格子装饰墙等，运用得当效果都十分理想。不过通过运营发现，油画也好喷绘也好，画面主题选材很关键，有几个注意事项：画面不要太抽象，用它们来考验顾客的眼力，这是费力不讨好的；不要只是风景，多数顾客是没有那么多的闲情逸致去欣赏的。所以选择大气的、有人物的，甚至有故事情节的会相对好些，颜色要和整体环境相和谐。

　　案例：星巴克的墙壁会说话

　　星巴克作为世界上一流商务类型的咖啡馆代表，的确有很多成功之道，尤其是其"城市第三空间"的概念和顾客体验式消费的理念，十分值得我们效仿，从星巴克的墙壁装饰上就能看到很多可学的东西。

　　星巴克的墙壁上常常出现的是咖啡主题相关的照片或大型图案，极具视觉冲击力，或者是色彩亮丽的抽象人物画，透出星巴克环境的优雅与质感。同时，还在进门显著位置制作一块展现其企业文化的活动看板或黑板，内容一般涉及顾客体验活动、顾客生日会、咖啡交流会或星巴克的社区活动照片，板子不大，也不值几个钱，但是绝对很讨好，因为它深刻体现星巴克的人文情怀，让看过的或者"眼睛余光扫"过的顾客心里暖暖的，感到很亲切。

◇ 星巴克咖啡墙壁上咖啡相关主题画及咖啡相关主题活动

星巴克的墙壁会说话，它至少传递出以下内容。

我们很专业。图片选材，有很多是以咖啡庄园采摘为主题的照片，让顾客品咖啡之余尽情领略咖啡树、咖啡花、咖啡果、咖啡庄园的风情，让顾客联想到星巴克原产地供应咖啡豆、新鲜烘焙的概念。

我们很有品味。有时星巴克的墙壁画面，会采用艺术气息浓厚的、富有小资情调的都市抽象画。因为星巴克定位于城市的精英群体，自然要投其所好。

我们很干净。星巴克这类型的商务咖啡馆，针对的是城市精英，这些精英们整齐干净的办公场所，自然要搭配一个整齐干净的"城市客厅"，所以星巴克的墙壁装修选材，大多采用环保的、易清洁的材料，这既符合精英们"城市客厅"的定义，也符合这些精英们对食品卫生和对生活品质的追求。

我们很有人文精神。在星巴克的墙壁上有时会挂些互动看板，或者社会公益活动看板、咖啡知识讲座看板等。这些充满了星巴克等大品牌的人文精神，以及"大气的商业追求"：我们不只是做商业，更重视咖啡文化的普及，更注重人文关怀。

相片墙是最主要的主题墙模式之一。相片墙由于有各种图片，引人瞩目，能很好地唤起人们的共鸣与关注，不但能很好地装饰环境，更丰富了店铺的经

◇ 星巴克墙壁上的咖啡主题画及社区活动展示板

营内涵，同时也增强了与顾客的互动性，甚至还体现了店铺的专业性，以及经营者用心经营的理念传递。

几个常用的相片主题如下。

◆ 咖啡豆主题。通过网络下载众多的咖啡豆、咖啡树、咖啡苗、咖啡果实、咖啡制作、咖啡故事等，琳琅满目的都是跟咖啡有关，主题就叫一切与咖啡有关！这个十分适合放置在走廊、楼梯过道，能够十分贴切地传递专业的概念，并且为店铺增色很多。大多数顾客没有看到过咖啡的生长情况，所以也增加了好奇心。哪怕对于对咖啡不闻不问的顾客，通过这些也传递了一种"这家店铺的咖啡很专业"的理念。

◆ 浪漫爱情主题。通过网络下载众多的浪漫爱情照片，要真人的照片，不要漫画的，大大小小，以两人的各种合影为主，主题就是爱的咖啡馆。

此外，如果能找些浪漫爱情照片，如黑白老照片、两个老人的合影等，就体现出爱情恒久远的概念，很有怀旧的氛围。这个部分也十分契合咖啡馆的爱情主题。

照片选用尽量选用经典的，也可以适当穿插些影视剧上的经典爱情镜头，让顾客更容易看懂，例如，山楂树之恋的青涩爱情，泰坦尼克号、罗马假日、廊桥遗梦的电影海报等都是非常不错的选择，大小相间，主题

◇ 各式各样的主题墙

◇ 咖啡馆里各种各样的照片展示

鲜明。

◆ 文艺电影主题。通过网络下载各种电影的海报，组成电影主题相框墙，效果也是出奇的好，因为这些著名的电影大多为顾客耳熟能详，总是能引起顾客无限的共鸣，话题感强，与顾客互动效果也好，如泰坦尼克号、罗马假日、廊桥遗梦等众多的美国大片和甜蜜蜜、无间道、秋天的童话等港台大片，只要国内曾经风靡的大片都可以罗列上去，顾客看得懂，效果也自然好。不过，整个风格主题最好以文艺片、爱情片为主，这样整个主题更鲜明些。

◆ 特定电影主题。例如，曾经很热门的电影山楂树之恋传递了青涩、真挚的爱情主题，有很多怀旧的元素在里面，哪怕没有看过这部电影的人都知道电影想要表达的意思就是真挚的爱情。所以整面墙都选用山楂树之恋的海报，这样传递的信息更直接。不过，随着电影的热映结束可能照片关注度随之下降，此时最好随时更换，而随着当年的电影主题更换，投入不大效果却很好，如果不更换也是很好的，因为爱是永恒！

◆ 明星合影。有些店铺可以找到和名人的合影，这样效果也不错。明星效应能很好地吸引顾客眼球，正常情况下顾客会联想："这些明星和老板认

◇ 蜜思语咖啡馆里的格子墙

◇ 北京好书吧里的书籍墙

识？来这里喝过咖啡？"随之他们会有"追星"的冲动。当然，此处的明星，未必都是影视明星，也可以找企业家明星、体育明星等，如果能有明星在店里消费的照片就更好了，当然我们也可以尝试"PS"部分合影出来，效果也可以假乱真，使顾客充满遐想。

此外，相片墙还可以设计其他主题，例如，找些老照片怀旧、儿时的记忆、童星照片、耳熟能详的大明星等都是不错的选择。

格子墙

直接用木板交叉在墙壁上做些格子，木板的颜色可根据店铺的色系来定，其中，白色、黄色或原木色为首选色，每个格子大概 30 厘米 × 40 厘米为宜，内部可以摆放各种特色工艺品及摆饰品，例如，儿时玩的公仔、玩具，小古董，光盘，书籍，水生植物，特色工艺品等都是很不错的选择。同时，几类物品交织摆放，效果也是很好的。

书籍墙

咖啡馆里，摆放众多的书籍，会给咖啡馆增加很多的文化内涵，也增强了咖啡馆的环境品位，书籍多选用些有质感的，哪怕旧书都行，这样可以增强咖啡馆的厚重感，要知道旧书传递的思想为：有人翻看过，有人来过，咖啡馆里有人气。这个项目可以直接买书架，也可以将书架装置在墙面上，效果也很好，同时也可以使用厚木板直接在墙壁上做层架，然后摆放书籍，效果也是很好的。建议可以选择各类旧书，如历史、文学、励志、武侠、动漫类等，这些书阅读性强，同时也让人有好奇心理。

除以上内容外，其他的软性布置还在于一些细节处理，如洗手间的洗手台、墙角、楼梯走廊等位置，这些细节处理都能很好地传递出我们在用心经营的概念。

管理从相信开始

——相信顾客就等于找到了经营生意的关键

咖啡馆管理从相信顾客开始！

顾客是上帝？顾客至上？或许现在很多的酒店餐饮人已经不再信奉这样的"口号"了。他们更多的是看到"上帝们"刁蛮的投诉、"上帝们"对一根头发丝的斤斤计较、"上帝们"因钢丝球掉下来的一根钢丝而对服务员破口大骂。于是，我们这些酒店餐饮人开始反思：上帝到底怎么了？难道真的是上帝也疯狂？

但是，我们会冷静下来思考：我们一个月能遇到几个疯狂的"上帝"呢？3个？5个？还是10个？原来一个月甚至更长时间我们能遇到的真正难缠的顾客顶多就是5个以内，95%是我们正常的"上帝"，他们对我们的工作报以微笑和鼓励，他们支撑我们的业绩，他们善待我们的服务员，他们能够谅解我们的过失。而事实上我们对这95%的"上帝"也的确有过不同程度的工作失误，他们大多很好地谅解了我们。或许剩下的那5%的"上帝"真的是身体不舒服了、真的是碰巧在我们面前"疯狂"了一回而已吧？！

所以我们餐饮从业者，尤其是管理者，应当坚信"顾客至上"的原则，不要把那5%扩大化。很多餐饮管理者在员工入职培训中，就开始教育我们的新员工：上帝是无赖！上岗没几天就培训新员工：如何处理醉酒顾客？如何处理顾客的刁难？遇到刁难的免单顾客怎么办？于是我们的新员工刚进这个行业就

有了这样的行业印象：你们店的顾客怎么这么难伺候呢？"男怕入错行，女怕嫁错郎"，看来我是选错行了！从此信心大失，本来就对"端盘子"的行当心有余悸，现在更是坚定了"过渡过渡""找机会跳槽"的信心。

顾客至上，是我们餐饮人做好服务的至高原则，这是指导我们服务的精神标准，在我们头脑中时刻烙有"顾客是上帝"的印迹，我们才可能让顾客满意，直至让顾客感动。

著名的火锅品牌海底捞坚信这条理念，所以才有了那么多的"变态"服务来感动顾客，他们难道就没有那些5%的"疯狂上帝"？我想一定有，或许你就亲身经历过，但是只要他们心中坚信大多数顾客就是可爱的善良的上帝，那么你会发现余下的那5%的顾客更像是"跟我们撒娇要糖吃的小孩"！

来自山东的著名餐饮品牌净雅坚信这条理念，所以才有"京城餐饮头等舱"的美誉，他们自然也会遇到那5%，而他们更乐于让95%甚至更多的顾客享受上帝般的礼遇。在净雅金宝街店的一次经历，让我更加对净雅人坚信顾客至上的理念深信不疑！

如果说有5%的上帝会疯狂，那这其中一定有这样一类特殊群体——刁难的同行。的确，同行业间为了相互体验、交流学习，会去同行考察学习，同样也会用特殊的刁难方式来试探对方的管理与服务。

一次我陪同新疆某餐饮品牌的王总一行六人去净雅金宝街店用餐，目的自然是想体验净雅优质服务的魅力，以及净雅产品的优良，毕竟王总所属的企业定位和净雅比较相近，所以到净雅、湘鄂情、俏江南这些高档餐饮的考察就成了一项常规业务。净雅的包房消费是比较高的，我们一行六人随便点单就是1600多，还不足包房消费。

席间负责采购的刘经理开始第一个发难了："服务员！服务员！……你看这是什么啊？"（原来是一道菜品的盘头造型，由于是用焦糖做的图案，不慎有些沾到些微小的细毛类的东西）净雅的服务员赶紧过来道歉："真的很对不起你，要不我马上给你安排重新做一份吧（净雅的放权制度是非常好的，服务员拥有更换菜品的权利，这很值得学习）！"但刘经理可不是那么容易伺候的，开始装腔作势："哎呀，那可不行，我肚子疼，我刚结婚，就遇到这种事情，以后媳妇可怎么办啊……"。旁边做销售的马经理也不断地帮腔，一时间包房里面俨然一个小剧场，我们一行六个一唱一和的，净雅的服务员一时还真的难以招架了。我们做销售的马经理说话了："服务员，你看怎么办吧，你看他疼得也厉害，搞不好还要去医院住院开刀呢，我们可是把菜都拍了照的啊，你赶紧处理好！"净雅服务员稍作镇定，安抚马经理说："你先别急，我们尽量想办法，要不你看今天怎么处理好呢？"（这句话或许正中马经理的胃口）马经理说："那么这样今天我们就不买单了，省下钱就给我们这个兄弟看病了吧。"（马经理自己也是随口说，毕竟 1600 多的餐费可不是小数目）净雅的服务员这时反而更加镇定了："真的很抱歉，这个，我还真做不了主，不过，我马上跟你去申请，你稍等，我马上回来。"于是，净雅的服务员离开包房，我们几个就一阵低声哄笑，静待一场"好戏上演"。

不大一会儿，进来一个看似主管或领班模样的净雅员工进来，一进来满脸堆笑，同时也关切地问我们那位采购老刘："你好，这道菜品让你没有满意，我真的很抱歉，不过这些糖是在盘子边上的，不会影响用餐的，你要真的不喜欢，我可以帮你更换一份。"老刘又是一阵子的装腔作势，并随口说了一句："要不你看着办吧，反正单我们是不买了。"这时候，我们都不再讲话了，转头都看着电视，无论进来的那个净雅员工怎么说，我们就是不理，这下气氛变得尤其尴尬，但净雅的员工还真是训练有素，不但没有生气还一直笑盈盈的，自己找活干，主动又再次跟我们倒了茶水，更换了一遍骨碟，整整两分多钟过去了，同行的王总也不好意思了，偷偷地用脚踢了踢刘经理，示意：差不多了

139

啊。这时，那个领班主管模样的净雅员工说话了："这样吧，既然这次用餐呢没有让大家满意，我代表净雅深表歉意，这餐饭呢就算是我们净雅招待你的好了，另外呢，也希望你原谅我们的工作失误，刚才听大家交谈的时候，是这位女士今天生日对吧（我们一般去同行考察，都会在席间随口说某员工生日，来观察对方的应变处理问题的能力），我们准备了一份精致的生日果盘（马上有员工上了一份生日主题雕刻的果盘），还有一杯姜茶给这位大哥（采购老刘）暖暖胃压压惊，另外，我们还临时准备了一个节目为这位过生日的朋友助兴，我们一起来给这位朋友表演个节目唱首歌。这时候，就听见楼道外面整齐的口号声：稍息，立正！我们出包房一看，竟然是保安、厨师、洗碗阿姨、服务员组成的一个小小合唱队。这个员工说："今天你的朋友生日，我们净雅大酒店祝她生日快乐，我们就唱一个我们净雅的集团歌吧。"于是，就听见这些保安、阿姨、厨师、服务员，非常投入地激情地唱起了《我是海洋》这首净雅集团歌。歌词的每一句都深深地刺刻在我们心上，仿佛每个字眼都在说："我们知道你们是来占便宜的，但是我们胸怀坦荡勇于接受，我们知道你们是在故意刁难，但是我们不怕，我们勇敢，我们顽强！"看着这些保安、厨师、阿姨、领位员临时组成的十个人的小合唱队，我十分惊讶，这个领班模样的员工拥有这么强大的组织能力，能在一瞬间（10分钟左右）就能调动各个部门集合出这个小合唱队，也惊讶于他们此时能有这么饱满、热情的歌声来打动顾客！我们在场的这些同行，当时听着歌声，都恨不得自己找个地缝钻进去，心中暗想："都是同行，差距怎么这么大呢？！净雅的管理真了不起！"

歌声结束了，这个领班模样的人再次给我们道歉，并主动协助我们同行的女士穿好外套，并提醒我们带齐物品。在她躬身的时候，我看她胸前还别着一个笑脸图案。销售的马经理还不依不饶地随口说一句："哟，你还是微笑员工呢啊？"这名净雅员工微笑的脸一红："姐，你别说了，还微笑员工呢，今天都没有服务好大家，我真的过意不去，我不配做微笑员工。"这句话说完，又是让我们心中一阵刺痛，因为她这句话让我这个"资深同行"深感羞愧，我已经深深被她的专业和诚意折服了！回来后，我迅速整理当天的过程，并及时和自己企业的员工交流培训，我要把我真实的感受讲给每一个同行听。这就是我在净雅金宝街店的一次难忘的用餐经历，这件事已经深刻烙在我的脑海，让我永远牢记并信守"顾客至上"这句信条！

只有相信顾客是上帝，才有感动顾客的可能，这是我们追求的目标，成就任何一件事，都要从相信开始，进而把相信提升到信念，最后把信念直接拉升到信仰。什么样的信仰就造就什么样的行为，什么样的行为就造就什么样的结果。《道德经》上说过：道取其上得其中，道取其中得其下。只有把标杆直接提升到信仰，才能得到一个不错的结果，就像海底捞，在无数餐饮企业还在追求顾客满意的时候，海底捞人却直接追求顾客感动，因为只有这样高标准地要求自己才能让企业做大、做强！坚信顾客是上帝、是服务行业的至高信仰，这不仅是对那些顾客的尊重，更重要的是对市场的尊重、对所从事的行业的尊重，最重要的是对我们自己的尊重，因为围绕在上帝身边的人一定不是普通人，是天使！服务员不就是缺少自信吗？服务员不就是缺乏自我的认同与尊重吗？那就从塑造上帝开始吧，我们为上帝服务，因为我们是可爱的天使！

建立顾客至上信念的十条法则：

◆ 顾客是上帝，服务顾客的人就是天使！

◆ 上帝也有疯狂的时候，但是大多数情况他们是友好而善意的！

◆ 尊重顾客就是尊重行业、尊重自己！

◆ 只有不到 5% 的上帝会疯狂！这左右不了我们的情绪。

◆ 超过 95% 的上帝，会满意我们的服务与产品，这是我们工作的动力！

◆ 没有顾客会故意刁难我们，哪怕是那 5%，他们更不会花钱来买不愉快！

◆ 老板给我们付工资，是买我们的工作状态和结果，不是我们的身体！

◆ 我们对上帝微笑是责任，上帝对我们微笑是鼓励，上帝不对我们微笑，是因为他没有发现我们的微笑！

◆ 一切从相信开始，信仰成就人生！

◆ 5% 的顾客是 95% 的上帝派来考验我们的，而合理的考验叫训练，我们因此而成长，不合理的考验叫磨炼，我们因此而成功！

用心管理咖啡馆

——分享咖啡馆管理的小窍门

记得有个非常著名的管理大师曾经说过：三流企业靠流程，能顺利畅快地把事情做成就行；二流企业靠制度，把任务拆分成若干小项目，标准化，制度化，可量化，可复制化；一流企业靠文化，通过企业文化的力量，统领团队，稳步向前发展！

而对于我们这样一家只有几个人的小咖啡馆来说，靠什么呢？答案：靠用心！

我观察过上百家咖啡馆的管理细节，也仔细研读过众多的咖啡馆管理的相关书籍。我发现书籍上大多都会危言耸听！说制度是如何重要，条例是如何必要，法则是如何关键！我总结一条：这些都是无稽之谈！

一个只有几个人的小店没有那么复杂，我们完全没有必要将今天的星巴克成形的管理套路运用到只有几个人的小店上来。大阪城，不是一夜成就的！星巴克也不是！我个人不认为，当第一家星巴克咖啡馆开张的时候，就拥有今天这样的规范管理模式。

但是，为了能够做大、做强，最终结果还是要规范各项管理、各项流程、各项制度。

任何一件事，就在"用心"二字上！

如果我们坚持当日事当日毕，何谈执行力不佳？

如果我们坚持随手清洁、随时归类整理、随时总结，何须用什么"5S"、"6S"管理？

如果我们管理者严于律己、拥有准时观念，何谈纪律涣散？何谈考勤失灵？

一切都源于用心！

管理就是这样，员工不看领导说什么，就看领导做什么。当我们这些投资人／管理者，尊重员工，尊重专业，喜爱咖啡的时候，员工管理自然就简单了。对于一个小店的管理过程，就是管理者自己管理自己的过程。初始创业的小店，所谓的企业文化就是以老板为首的管理团队的个性坚持。当然，这里的个性坚持，是合理的好的坚持，例如，坚守品质，拒绝使用品质低劣的原材料；严格把握出品品质；坚守服务承诺，让顾客最大限度地享受舒适的环境与服务。

咖啡单体小店的管理窍门

用咖啡宗教来管理团队

这在之前的章节中已经多次提到了，所谓的咖啡宗教就是咖啡馆所倡导的一种文化，这就是我们自己咖啡馆里的企业文化，具体操作来看就是，以老板为首的管理团队信仰什么、拜什么、以什么为指导纲领和信念。崇尚技术？崇尚专业？那就参加些咖啡比赛，多做些技能的提升训练，多做些咖啡知识的深刻挖掘。崇尚快乐？那就保持微笑，时刻保持微笑的状态，时刻保持积极的心态。当然，也可以多元化地崇尚其他理念，如简单、真诚、自然等，把这些关键字，通过老板为首的管理团队，无限放大到其他成员，就形成了企业文化。

事情用流程管理

这里的流程管理，就是上行下效的管理，从管理者自身做起，手把手地教导每一位新员工，并以身作则逐步让每位员工了解做事的流程，换句话说，会做就行，会按照流程做就行。例如，在我们要求每天提前十分钟到店，开早会、做卫生的时候，怎么会有人迟到呢？同时，在我们这些管理者也严格按照提前十分钟到岗的要求执行的时候，怎么会有考勤计算混乱的现象呢？

产品用标准管理

很多小店经营不善的原因之一就是，产品质量不稳定，包含出品标准不统一，这是单体店管理容易出现的问题。所以及时、准确地制作标准产品手册是有必要的。

随手、随时管理

随手清洁，随时清理，随时总结，随时培训，这种"随时随地"管理方式是咖啡单体店的管理法宝。当日事，当日毕，就不会有执行力的缺失问题发生。不要"等下班后再说""等月底再说""等周二开会的时候再说""等明天培训的时候再说"！发现问题，即刻解决处理，不要让问题拖过今天！

清晰盘点，财务清晰

单体小店管理简单，但是也容易出现漏洞，其中最大的漏洞容易出现在财务上，如仓库混乱、账务混乱、采购混乱等。很多专业书籍上会把餐饮店的财务管理说得"玄之又玄"。而凡是做过会计或者有基本财务知识的人都知道，财务管理无非就是"细心"二字。仓库经常整理盘点，出入库登记怎么会有混乱呢？财务报表每日整理登记，又何谈财务混乱呢？采购及时报账，物品及时作入库、出库登记，又怎么有采购一塌糊涂呢？何况，如果真的缺乏财务知识，我们还可以外包一个专业会计来辅助，甚至是直接招聘一个专业会计来处理账务问题。

任何管理问题，都是人的问题，在很好地处理人心问题的时候，人的行为自然很好地得到管理。管理员工的第一步就是要管理好员工的言谈举止，也就是行为管理，同时，采用上面说的咖啡宗教的概念，渗透我们的企业文化，这就是佛家说的"文明其行为，非常其思维"。在员工行为管理得力的时候，我们的信仰概念才更好地植入这些年轻人的体内。

咖啡馆里话营销

——咖啡馆经营的常用营销手段

几经斟酌好不容易选定了店址，辛苦熬夜又忙碌一个多月装修，看着店铺一天天地成形，看着店里的年轻小伙子、小姑娘们忙碌着培训、忙碌着清洁卫生，另外一件头痛事也开始了，店铺马上开张了，究竟怎么做生意呢？

怎么做生意？其实，这件事可不是要现在问，而是在我们启动这个咖啡馆梦想的时候，就开始不断思考了，临时抱佛脚的做法，并不可取！

咖啡馆开张了，要做好生意，无非就是具备好环境、好产品、好服务、好营销手段了，也就是我们经常提的硬件、软件和营销。

硬件

所谓的咖啡馆的硬件，指的也就是环境和产品，因为这两样也是顾客最容易感知的，是他们最直接的需求。

环境方面，让店铺更多地给顾客可解读性的可能，如大量的书籍、大量的工艺品、装饰品、网络、棋牌游戏玩具，对于这些有时尽管很多顾客不会去玩，但是它会传递出很好的经营理念。墙壁不要空荡，可以放置些顾客感兴趣的相框和海报，例如，电影海报、古董油画、咖啡特色装饰等都是不错的选

择，甚至细到厕所都可以布置些漫画来增色。当然，环境方面，卫生是第一位的，每天定出重点的卫生区域，重点清洁，节省劳力强度。

环境还体现在背景音乐上，不要放那些中文的、没有质感的音乐，可以参考小野丽莎的歌曲、恩雅的歌曲、经典爵士乐等，这个网上很多，可以买来放在电脑上播放，专人控制，音量不要忽大忽小，一般由收银员负责管理播放，其他管理人员监督。

室外环境也是关键，店长经常到店外去观察整个店的店容店貌，室外需要摆放些植物，必要时可以增加适量的光源及广告牌。

这些环境布置方面，已经在其他章节有不同程度的说明，此处不再多说。

产品也是硬件的组成部分，毕竟这是顾客的基本需求：找地儿、喝杯好咖啡、聊聊天。也就是说，环境＋产品（包含产品本身及服务）＋心理需求，就构成了几乎所有顾客到咖啡馆消费的目的。

谈到产品本身，就不得不涉及产品的定价及产品品质了。

定价是顾客对产品的直观印象，因为绝大多数咖啡馆的咖啡类产品是比较近似的，例如，卡布奇诺、拿铁、美式、特浓等，几乎是所有咖啡馆的通用产品项目，这样也就基本划定了产品的价格区间，所以应尽可能多地参照同区域其他咖啡馆来进行合理定价。

产品品质，主要包括产品的色、香、味、器、形，也就是产品的色泽、香气、味道、器皿的使用以及出品的形态。好的产品总是会给人一种眼前一亮的感觉。

案例 1：神奇的拉花咖啡

运用左右手的互动，让咖啡、牛奶、奶泡成一定比例，配合巧克力、焦糖等糖浆，再辅助竹签等小工具，就能做成各种神奇的咖啡图案了。造型美观吸引人，并且造型多变，可以根据顾客需求来量身定制图案。

案例 2：来一大杯星巴克咖啡

当把器皿稍加放大之后，也能产生独特的顾客消费印象。星巴克咖啡的流行，与其产品量大有莫大的关系。厚重的瓷制的马克杯，拿在手上极其有感觉，同时，分量超大的外带杯，满把地握在手里，极具震撼，而且很容易让城市里的精英们有种心理满足感："过瘾！""实惠！""够劲儿！"。如今，上班途中手拎一个星巴克外带纸袋，或者手拿一杯星巴克咖啡，绝对是一种都市小资时尚。可以说，拿着星巴克等电梯，绝对是写字楼群里的一道绿色风景线。

◇ 拉花咖啡已经是很多意式咖啡馆里的招牌产品

提到产品，又不得不说产品的销售展示了。菜单展示是产品从操作间到顾

◇ 星巴克已然成为大都市白领的"身份"标签

客的第一途径，所以菜单也是店铺盈利的第一利器。

日常咖啡馆里的菜单展示主要包括吧台式直观菜单、门前促销菜单、台面促销菜单、手持菜单。

◆ 吧台式直观菜单。这类菜单在星巴克这类的商务类型咖啡馆中极其多见，这类菜单的好处是顾客能够非常直观地看到我们的产品项目，点单速度快，直观，这对于人流量大的商务类型咖啡馆来说是十分必要的。同时，这种直观的菜单，制作工艺除了采用塑胶板、金属外，还可以用黑板的方式，不但能直观地让顾客看到我们的核心产品，还能有效地提升店铺专业形象。

◇ 专业的吧台菜单展示

◆ 门前促销菜单。我们时常看到在咖啡馆门前摆放各种类型的促销型菜单，内容一般不是很丰富，但绝对应该是亮点和主打。尽量不要选用传统喷绘式的海报架方式，一来更新慢，二来这样的印刷品总给顾客一种"店家经营诚意不足"的印象。首选是黑板，或者手绘海报，十分有助于提升店铺的形象，而且其随机多变，应时应景，促销效果理想！

◇ 咖啡馆门前的促销菜单

◆ 台面促销菜单。在桌面上摆放一个小的桌牌，展示一些季节促销的内容，并时常有规律地更换，也有助于提升店铺的业绩，同时也丰富了手持菜单项目。

◆ 手持菜单。这就是我们日常说的标准菜单，一般为纸制的印刷品，当然现在也出现了更为先进的电子菜单。但是，就我推崇的中小型咖啡馆而言，个性的手绘手持菜单，或者自制手工菜单，更具特色，让人感到这不仅仅是菜单，更重要的是能看到店家的用心经营，生意自然也容易做出起色！

当然，除去这些日常的菜单，店铺可以做些小的插页或外卖单等用作产品宣传，这里就不一一列举了。

软件

软件主要是各部门人员的工作状态与工作结果，对于一个营业中的店铺来说，每天员工工作时间太有规律，两点一线，如果我们管理者不懂得合理引导，很容易让员工形成工作的疲劳感，根本谈不上很好、很踏实地工作，所以要让员工时刻保持快乐的工作心情和富有激情的工作情绪。

如何带动员工热情？管理者自己的工作热情就是最佳的带动方式，所以，管理者需要不断地散发工作热情，同时注意重点员工的培养，团体带动效果更佳。此外，员工会因生意问题而担心工作情绪，这时管理者要不断地打气，并逐步设定目标，可以用适当的小奖励，哪怕一个棒棒糖、一个小的咖啡券都可以，进而转化成聚餐等活动，海底捞的管理者说得很对：与其我们每天工作感动5个顾客，不如每天用心感动5个伙伴，他们会感动更多的顾客！在工作中，还要不断描述店铺的未来及员工的未来，如公司的未来发展趋势、员工的职业生涯规划等，同时结合每月的各项评比，如优秀员工、明星员工、微笑之星、快乐天使、厨艺明星等，都可以很好地带动员工的工作热情，同时这也传递我们对待员工管理的公开、公平、公正。

营销

首先，明确咖啡馆的营销与日常的促销是有所不同的，促销更多是直接销售更多的商品给顾客，而营销则是调动店铺各项资源营造销售可能的策略或方式。不过，我们往往会混淆两者概念，因为无论营销还是促销，其本质是一样的，都是想把商品销售给顾客。

其次，对于一家咖啡馆来说，初期营销手段与日后经营中的营销手段也有所不同，虽然我们未必要一开业就赚钱、就火爆，但是也要知道，如果没有足够的客流量，其产生的负面作用危害更大。一般来说，餐厅就座率低于三成，员工的工作积极性会明显下降，热情降低，无所事事，习惯聚众聊天，管理者自身要求也会松懈等，同时，老板投资更谨慎，怕花钱，喜欢干涉管理等。所以在店铺开业初期，应及时判断客流量，适度调整营销手段的力度，尽可能让客流量达到5成甚至5成以上，这样有助于店铺整体稳定，军心稳定才能稳步向前。

开业初期店铺经营主要靠谁？

第一是靠老板的人脉关系。但做生意不能单靠人脉、靠关系，这些不是长久之计，老板的朋友来店里消费，不只是为面子才来的，而是的确因为店铺经营不错，这才是真正的运营效果，我们是正规餐饮业，又不是非主流的娱乐业，没有什么面子可卖！否则老板打电话，就有人来捧场，不打电话，就没人"给面子"，岂不头痛得很？

第二是靠店长。店长是整个运营的核心和总调度员，他们控制整个运营节奏，所以经常保持头脑清晰。现在生意不好的原因是什么？不是地点原因，不是刚开业的原因，而是我们还没有用心去做的原因！这个部分，还需要老板的大力配合，因为一个外聘店长，短时间要面对的问题很多，此外，对市场还无法很快熟悉，更谈不上人脉关系，此时需要老板主动，多去和店长沟通、去引导，把老板的人脉资源和店长的内部控制有效结合才是最佳方式。

第三是靠直接与顾客接触的服务主力及吧台主力，因为他们是整个店铺的基层管理者和团队气氛的带动者，他们的表现直接关系到生意的好坏以及顾客的满意度。所以要多收集顾客意见，多收集顾客的名片，多留心顾客的需求，包括顾客的潜在需求。

开店初期的营销力度要大、要准、要狠！当然，这是有所控制的，要结合店铺所处的商圈、店铺自身的管理能力，以及预计的营业额，如果位置不错，内部各方面比较到位，一开门就是入座 5 成以上，那么就可以采用软着陆的方式来进行，营销的力度就不用太大了。

开业初期的几个促销手段如下。

◆ 满额送。送的内容可以很多、很丰富，如代金券 / 咖啡券、小礼物等。就我个人管理多家店铺而言，代金券或饮料券是我喜欢用的方式。使用代金券 / 饮料券的好处是，可以增加顾客二次消费的可能，有助于巩固顾客关系，也有助于提升客流量人气，如店内消费满 100 元送 30 元代金券活动（可根据实际情况，判定是给饮料券还是代金券）。但是对于一个营运初期的店铺来说，各类券的使用尽量让顾客感觉痛快些，不要加入太多限制，如只能用一张、不能点这些等，仅需加入必要的限制即可，如不找零、有效期内使用、盖章有效等。总之，"算计"顾客，"跟顾客耍小聪明"往往是"没有好果子吃"的。

◆ 买就送。这个策略跟上面一条近似，但又有所区别，上条更多是单纯的数字游戏，而这条更加直观地以具体的产品项目入手，如开心周六、日，美式咖啡买 1 杯赠 1 杯，根据具体的活动内容，赠送的 1 杯可以设定为同样的美式咖啡，也可以是其他的诸如小点心之类的。但是赠送的项目的效果却是截然不同的，例如，买一杯咖啡赠送一个小点心，这就组合成了一个单人消费的套餐，给顾客实惠，有助于巩固客源；而如果买一杯咖啡赠送一杯咖啡，则很可

能造成两人同时消费的可能，人流量增加了，如果我们及时推销其他小产品，反而能刺激营业额。

◆ 几人同行一人免费。对于一家刚开业的店铺来说，有效提升人气是营销目的的重中之重。如何让尽量多的顾客同时来消费呢？除了单纯地打折促销、特价促销，还可以试试从人流量本身入手，那就是根据同时到店的人数来定折扣或定赠送的项目。例如，二人同行一人免费，或者三人同行一人免费，即如果两人同时到店消费，会将其中一人所点项目免费计算，当然是低价金额的点选项目。所以服务人员可以引导顾客尽量选同样价格的物品，这样有机会获得五折优惠！

◆ 积点卡。积点卡，也有很多相类似的变种，如积分卡、人气卡等。具体操作起来很简单，例如，每消费一杯咖啡就积 1 分，或者 1 点，积累 5 分，即可换赠饮 1 杯。所谓的人气卡，则是每到店消费 1 人次，即可登记 1 分，积累 10 分，即可换赠饮 1 杯。这种类型的卡片，对于学生群体以及写字楼里的白领群体还是十分有效的。但是卡片的制作要十分用心，要讨人喜欢，否则凭什么吸引顾客在钱包里摆放一张"小咖啡馆"的卡片呢？

◆ 以餐带饮，以饮带餐。以我曾经管理多家咖啡馆的经验来看，中国南北方顾客群消费习惯的差异还是挺大的。南方经济开放较早，消费意识较强，而北方消费则保守很多，从咖啡馆餐饮消费比例来看就能知道一二了。以上岛咖啡系列为例，其在南方的餐饮消费比例为餐：饮 =4：6，广东、广西部分地区甚至可达到 3：7，而长江两岸地区餐饮消费比例为餐：饮 =5：5，而到了黄河以北地区则餐的比例明显上升，餐：饮 =6：4。而众所周知，饮品的成本较餐品成本要低得多，所以在咖啡馆内扩大饮品的消费力，可以拉升利润点，要知道，从单价来看饮品的价格并不比一份商务套餐低很多。

因此，合理地运用以餐品带动饮品消费或以饮品带动餐品消费的方式，在不同区域还是很有效的。例如，点 1 杯咖啡可赠送松饼 1 份，或者点 1 杯咖啡赠送蛋糕 1 份，或者点 1 壶咖啡赠送三明治 1 份，这就是典型的用食品"诱导"顾客的手段，而且两者前后顺序颠倒过来则是截然不同的效果。另外，点意大利面赠送 1 杯红茶或咖啡，或者点商务套餐加 5 元获赠美式咖啡一杯，则是典型的用饮品拉动餐品的方式。

当然，如果这种餐＋饮的组合得当，还可以直接设计成套餐组合，适量加价或平价打包销售给顾客，这样有助于提升顾客的单笔交易额，提升了客单价。

◆ 天天有特价。每周一美式咖啡特价，每周二拿铁咖啡特价，每周三摩卡咖啡特价……天天特价，天天惊喜！规律性的促销活动，可以形成顾客惯性消费的可能，当然，还可每周一款新产品或者特色产品，例如，星巴克就每周推出一款精选风味咖啡，每周不同的主题，引领顾客消费。如果这样天天特价的方式不过瘾，还可以直接效仿麦当劳／肯德基，直接把这些特价商品打印在排孔宣传单上，让顾客凭小卡片低价换购。

当然，其他促销的方法还有很多种，如抽奖、特价餐等，都可以根据具体店铺的经营情况来变化使用。但是无论这些促销活动是多么精彩，还请记住，这些都是促销的范畴，仅起到了营销的部分效果，要达到营销的效果，还应注意全方位地打造顾客印象，这就要包含一些非直接性盈利的顾客互动了，包括网络论坛、咖啡课程讲座、社区活动等。

以上促销手段，还仅限于传统渠道，也就是店铺内加强店员的销售能力，或者印制宣传单、各类卡片、条幅、海报等。而对于当今的信息社会来说，更应注重网络营销的力量！

无论是在一线发达城市，还是在二、三线的普通城市，都不可否认的是，咖啡馆的消费人群针对的是城市精英消费群体。这种类型的城市精英消费群体，大致区间为 20~40 岁（具体区间可视店铺自身商圈定位不同而定，如星

巴克的消费人群的年龄区间为 25~38 岁）。这类消费人群有个共同的消费特点，即网上一族！可以说，这类人群"可以一日无食，不可一日无网"。既然主力消费群来自网络，那么自然我们的营销重点也应加强网络上的宣传力度。

◆ 网站。既然咖啡馆相当部分的客源都来自网络，何不投资制作一个属于自己的咖啡馆官方网站？既可以全方位地介绍自家咖啡馆的产品、服务、品牌渊源，还可以通过网络的方式拉近咖啡馆与顾客群的往来联系、加强在线交流，同时，网络平台也就是我们对外交流的网络名片，更方便与网络世界交流推广。

◆ 论坛。网络论坛，既可以从属于咖啡馆官方网络，也可以单独存在，这是更直接地与顾客往来互动的平台。当然，同样的方式还可以采用 QQ 群来建立我们与顾客的交流平台，当然也可以是管理者与员工间的交流平台。

◆ 博客。博客群体，是一个独特的群体，它有别于大众化的 QQ 群体，博客上的群体一般更为优秀些，否则，怎么会有时间写出那么多的大段文字呢？如果缺乏专业建设网站的经验，不妨先从建设博客开始。博客的功能也很强大，不但可以上传文字，还可以上传大量的图片，通过其在线留言功能还可获取更多的顾客反馈信息，博客可以说是店铺网络宣传的最佳工具之一。同时，不同的门户网站其开设的博客群体有很大的倾向性，例如，更商务一些的是新浪博客，更具有娱乐精神的是搜狐博客，天涯网站博客则极具网络人气，更具小资人文气息的是豆瓣等分类网站博客，而有针对性开设的咖啡馆博客则是面向这些顾客群体的最佳通道。

◆ 微博。新兴的餐饮模式，不懂得利用微博营销，还谈什么经营？微博可以说是当下最流行的网络沟通工具之一，通过微博，人与人的距离更加接近，我们更容易找到我们想要找的人，同时也让更多想要找到我们的人找到我们！加入符合我们咖啡馆群体的"好友关注"，或者不断吸纳喜欢我们咖啡馆的"粉丝"，可以迅速提升我们咖啡馆的人气指数！我甚至还发现一个奇怪现象：微博是好咖啡馆的指向标。我发现大凡经营不错的咖啡馆，大多是微博上的活跃分子。所以谁说咖啡馆不赚钱？去微博上找找吧！

◆ 团购。要问哪种网络工具对我们的咖啡馆影响更直接，我想，肯定是"团购"！众多的团购网站，在2008年后，如雨后春笋般地"冒出来"。它们低价从咖啡馆预先购买产品，适当加价后再通过团购网站销售给消费者的操作模式，深得一些咖啡馆老板的喜爱。但是，网络团购也并非适合所有的咖啡馆，例如，如果你的店铺刚开张，但刚开始生意不是很好做，不妨做几次团购提升一下人气；如果你的咖啡馆具有明显的生意淡、旺时段，不妨也在冷淡的生意时段，做做团购，弥补一下生意清淡的局面。做团购时你也要清醒地知道：绝大多数顾客是为了"贪图便宜"才来你的咖啡馆的；不少顾客是从"四面八方"来到你的咖啡馆的，他们很可能不属于你的商圈势力范围。同时，如果团购操作不当，过多过杂的"低质量"顾客群还可能影响你原有的顾客群，更不会因为尝到了团购的甜头，而得了"团购依赖症"。

餐饮团购的火爆到底给我们带来了什么样的启示？它绝对不仅仅是生意的提升、客流量的增加，而是告诉我们通过"网络渠道"来店消费的顾客越来越多，我们必须重视网络营销。当然，所有的网络营销都基于我们自身，即环境、产品、服务品质良好的基础，因为我们要记住，在网上"好事容易传千里"，同样"坏事也容易传千里"。

做好团购的几点窍门如下。

选好团购网站。 在确定自己的店铺适合团购后，可以联系合适的团购网站，一般大的团购网站信誉都不错，并且他们还会指导你如何做好团购，但是按照我的了解，团购网站也有其"势力"范围，也有不同的针对性顾客群体，选择那些网络顾客群体和我们店铺顾客群定位相近的，会起到事半功倍的效

果。此外，如果有团购网站办公地点临近自己的店铺，这也是很好的优势，毕竟团购网站就近好办事，而且影响力也大。

定好团购内容。这方面一定要多征求团购网站的意见，它们很有发言权，它们的业务经理天天都在跟我们同样的店铺打交道，他们深知什么样的团购项目顾客会喜欢。当然，我们也要多与团购网站上的同行比较，也要控制好我们的出品成本。

接待好团购顾客。顾客来了，就为他们好好服务，千万别在产品上"以次充好"，或者跟你心目中的"贵宾"区别对待。同时，既然知道团购顾客来自网络，就应该做好网络信息的登记，让顾客留下QQ、微博等网络联系方式，方便更好地提供后续服务。甚至可以让顾客现场通过微博转发团购分享以获得更多的优惠，这样可以很好地起到网络宣传目的。

做好团购的总结。每次的活动，都要统计效果，同时关注团购网站上顾客就餐后的分享，也能获得很多有用的反馈。

除此之外，还有很多借助其他网络的营销方式，例如，北京的大众点评网站，顾客直接登录网站，可以找到自己心仪的餐厅，同时还可以知道该餐厅的服务评价、餐品评价以及环境评价，这是我们收集顾客信息的绝佳渠道；又如豆瓣网站，那里是咖啡馆，或者咖啡圈人士的聚集地，我们不但可以宣传自己，还可以建立自己的咖啡圈子，认识更多咖啡圈子的朋友。当然，网络营销还远不止于此，我们在经营店铺的时候，还可多关注网络，多向优秀的同行学习，也可充分借助已经成形的网络来销售、扩大宣传，同时借机多与顾客互动交流。

第五章
左手加盟　右手创业

　　到底是加盟一家咖啡连锁品牌，还是自创品牌，自主经营？事实上很难说，两者比较，孰优孰劣，也很难说清，但是揭开国内咖啡品牌加盟的神秘面纱，避免掉入加盟陷阱还是十分有必要的，而之所以把这一章放到最后，是因为对于咖啡馆尤其是中小型咖啡店的投资，国内拥有良好后续服务的全国性质的连锁咖啡品牌真的屈指可数，考虑到对于多数投资人来说还是会优先选择加盟，所以作为咖啡连锁行业的资深高管，还是教你几招，所谓"防人之心不可无"嘛。

是加盟一家运作成熟的咖啡馆品牌，还是自己投资，自主经营，来体验自主创业的快感？这也是无数想投资开咖啡馆的人，深感头痛的问题。自主创业经验不足，缺乏技术，行业也不熟悉，实在是有心无力；加盟品牌，更高的加盟费用，增加前期投资，而且那些加盟品牌鱼龙混杂，风险也不小，而喜爱咖啡馆的人们，仍然"明知山有虎，偏向虎山行"！本章就对加盟与自主创业进行深度分析。

认识一下加盟连锁经营

——了解必要的加盟政策

先来谈谈加盟，在此之前要先弄清楚什么是加盟连锁经营。

加盟连锁经营是指总部将自己所拥有的商标、商号、产品、专利和专有技术、经营模式等以加盟连锁经营合同的形式授予加盟者使用，加盟者按合同规定，在总部统一的业务模式下从事经营活动，并向总部支付相应的费用。由于总部企业的存在形式具有连锁经营统一形象、统一管理等基本特征，所以也称之为连锁经营。

加盟连锁经营被称为商业形态的第三次革命。第一次革命是农业时代的杂货店；第二次革命是工业时代的百货超市；第三次革命是后工业时代的加盟连锁经营。有资料表明，国际上著名的跨国公司，70%~80% 的连锁店是通过加盟连锁经营方式建立的。国际上运用加盟连锁经营模式比较成功的有"可口可乐""麦当劳""肯德基""家乐福"等。

加盟连锁经营是一种新的现代商业运营组织方式。它适应市场经济的发展，能够更好地为客户服务。它利用知识产权的转让，充分调动了一切有利的资本并实现了其最优化的组合。

什么是品牌维护费？

品牌维护费是加盟商取得某一连锁体系单店经营权的必要投资，在签约当时就必须给付，相对应，总部也要提供开店经营管理的支援与协助，加盟商从此被授予该店品牌的使用权，可以用加盟总部的形象、品牌、声誉等，在商业的消费市场上，招揽消费者前往消费。而且加盟商在创业之前，加盟总部也会先将自身的know-how、经营方案等教授给加盟商并且协助其创业与经营，双方都必须签订加盟合约，以达到事业获利的共同合作目标，而加盟总部则可因不同的加盟性质而向加盟商收取相应的费用。

特许经营连锁模式对加盟者的好处

◆ 可以降低创业风险，增加成功的机会。在当今日趋激烈的竞争环境里，市场机会对于小资本的独立创业者来说已是越来越少。每年全国几万家中小企业倒闭的事实告诉我们：一个资金有限、缺乏经验的投资者要在高度饱和的市场环境中独立开创一份自己的事业是困难重重、风险万分的。而投资者若选择一家业绩良好、实力雄厚、信誉度颇高的特许经营连锁企业，加盟其连锁网络，其成功的机会将大大提高。中国有句俗语：树大好遮阴。小投资者加盟特许经营网络，有个连锁总部作"靠山"，还可以从总部那里获得专业技术等方面的援助，这对于缺乏经验的创业者来说，的确是一条通往成功的捷径。

◆ 加盟商可以得到系统的管理训练和营业帮助。一家新店要独自摸索出一套可行的管理办法，往往需要很长的时间，或许在这套管理方法成熟之前，该店就因为多走了弯路而无法维持下去。但如果投资者加入连锁总部，就不必一切从头做起，即使其完全没有专业知识和管理经验，也可以立即得到总部的管理技巧、经营诀窍和业务知识方面的培训。而这些经验是总部经过多年实践

所得，已被证明是行之有效的，并形成了一套规范的管理系统，加盟商照搬这些标准化的经营管理方式极易获得成功。

◆ 加盟商可以集中进货，降低成本，保证货源。连锁经营最大的优势主要体现在集中进货与配送上。由于加盟总部规模大，实力雄厚，可以获得较低的进货价格，从而降低进货成本，取得价格竞争优势。同时，由于加盟总部是有组织的，在进货上克服了独立店铺的那种盲目性，加上总部配送快捷，加盟者能将商品库存压到最低限度，从而使库存成本相应降低。而加盟者卸下了采购重担，只需将全部精力放在商品推销上，这就加速了商品流转，提高了利润水平。

加盟者由总部集中统一进货后，另一大优点是可以充分保证货源，防止产品断档。补给不足，商品缺货是一些个体零售商的常见现象。长此以往，势必影响店铺的信誉及客源。而加盟者则不需要担心这一点，总部已经为其提供了快捷方便的产品配送服务。

◆ 加盟商可以使用统一的商标和规范的服务。现代社会的消费者，关注的不仅仅是商品的价格。店铺良好的形象与高质量的服务已成了消费者关注的首选。因此，对于一个初涉商海的创业者来说，最头疼的问题就是不知如何提高自己的声誉，吸引消费者，即所谓的"打响招牌"。当然其可以利用大量的广告展开宣传攻势。但一般的个体经营者，资金有限，想要创出自己的招牌可谓难上加难。

而绝大多数情况下，加盟总部已经建立了良好的公众形象和高品质的商品服务。若投资者加盟了连锁企业，可以分享到企业的无形资产，使自己的知名度和信誉随之提高。从消费者角度来说，一般也会把加盟者的分店看成是某大集团下属的企业，从而增加信赖感。因此，加盟者可以"借他人之梯，登自己发展之楼"，利用这种优势迅速稳固市场地位。

◆ 加盟者可以减少广告宣传费用，达到良好的宣传效果。个体经营者加盟连锁组织以后，可以坐享已经建立起来的良好信誉和知名度，省去初创业时"打响招牌"的广告宣传费用，这是不言而喻的。

◆ 加盟者较易获得加盟总部的铺货支持。对于一个独立经营者或初创业者，最关心和最棘手的莫过于资金的筹集，他们往往会因为资金没着落或不足而不能顺利开业，丧失良好的市场机会，或者因为资金周转不灵而陷入困境。他们一旦加入连锁组织，资金的筹集就相对来说容易得多。对有良好经营能力但一部分资金又暂时不能到位的加盟者，连锁总部会采取铺货支持的办法，支持新店铺的开业。而加盟者就可以在前期将店铺顺利运转。

◆ 加盟者可以获得连锁总部的经销区保护，以避免同商铺的恶性竞争，共同对付其他竞争者，保证双方的利益。

◆ 加盟者可以获得更广泛的信息来源。由于加盟连锁总部将从各加盟店收集来的信息数据加工后及时反馈给加盟店，并随时对周围的各种环境做市场调查和分析，其中包括消费水平的变动、消费倾向的改变等，使得各加盟者能及早采取应对措施。

当然，特许经营连锁对加盟总部也是有好处的。

首先，加盟总部可以迅速扩张规模。

总部指在加盟经营活动中，将自己所拥有的商标、商号、产品、专利、专有技术、经营模式及其他营业标志授予加盟商使用的事业者。

加盟经营是指两人或两人以上，以口头或书面形式达成的明示的或暗示的合同或协议，据此有以下几方面内容。

总部授予加盟商在总部规定的期限内按照双方确定的加盟经营体系开展经营的权利；

总部授予加盟商使用总部所拥有的或与其有关的标志、商业秘密、机密信

息资料或知识产权的权利，包括总部作为任何知识产权的登记使用者或经他人许可的使用者，将其拥有的该知识产权的使用权授予加盟商；

总部有权在加盟连锁经营协议期限内，按照经营体系的要求保持对加盟商业务活动的管理；

总部有义务协助加盟商开展经营，包括提供资料、服务、培训以及销售、业务或技术上的支持；

总部可要求加盟商支付一定费用或用其他形式的对价，作为对授予权利的回报。

加盟总部看重的是加盟者在自己的区域内有一定的优势，如销售渠道及网络资源优势、人际关系及公共关系优势等。总部，作为一个外来者去开拓一个市场，很难在上述优势上有本质的超越。因而加盟连锁总部可以在短时间内迅速扩张规模。

其次，加盟总部在确保全国销售网络的同时，集中精力提高企业的管理水平，改善加盟店的经营状况，开发新产品，挖掘新货源，做好后勤工作，加快畅销产品的培养；总部可以研究改进店铺设计、广告策划、商品陈列、操作规程、技术管理等一系列问题，使各分店保持统一形象，形成新特色，更好地吸引消费者。

综上所述，特许经营连锁模式的好处是显而易见的。作为一个小资本的创业者，选择特许经营连锁组织不失为一种明智之举！

向左走，向右走？左手加盟，右手创业？

——自主创业与加盟连锁的优劣分析

向左走还是向右走？到底是加盟连锁品牌，还是自主经营？

这个话题估计是网络上关于连锁经营最热门的话题了。我从一个业内人士的角度，来简单建议一下。

问这个问题之前，我认为要先问问自己。自己是否适合加盟？自己想得到的是什么？这个品牌能否满足自己的需求？满足不了事与愿违怎么办？自己把这些问题搞清楚后，就不难判断了。如同选衣服，自己都不知道自己喜欢什么衣服，就算把那么多名牌的衣服都穿在身上，又能如何呢？

什么人适合加盟？不能一概而论

应针对自己的切身情况来分析，这还真不太容易正面回答。我就尝试着从部分咖啡馆品牌入手，来简单解答一下，或许对你的投资意向有所建议吧。

正常来说，我们想从品牌获得以下保障。

◆ 强大的品牌优势。连锁品牌的加盟数量以及在行业的口碑优势，都可以使得加盟业主从中获得巨大收益！这个是我们想要的。但如果这个品牌无法短期内在在当地造成影响力，甚至在当地根本无巨大的影响力，那么加盟此项品牌是无法得到所谓的品牌优势的。例如，一家在南方发展很好的、连锁店数量达到近 300 家的咖啡品牌，进驻首都北京，一口气开了三家店铺，如果你是北京人，那么会因为品牌的知名度而选择加盟它吗？答案是，不会因为品牌而选择它的！因为北京城太大了，区区三家店铺，生意平平，很难形成所谓的当地影响力。没有品牌影响力，加盟业主自然也受益颇少。这时，就要看这个品牌其他方面的优势了，如装修优势、经营方式、生意状况、管理服务、口碑效应、加盟投资费用以及双方沟通洽谈的顺畅度。所以如果真的想获得品牌效应，就应当加盟类似麦当劳、肯德基等品牌。对于国内咖啡馆品牌，我认为，在全国范围内，复合式咖啡厅品牌中名典咖啡、上岛咖啡、迪欧咖啡等品牌的优势仍然相对突出；在地方范围内，良木缘、外滩风尚、咖啡之翼、新岛咖啡、老树咖啡等整体实力突出。而对于本书侧重的中小型

咖啡品牌来说，全国范围内较为知名的则有 SPR、雕刻时光等，并且以我的观察，由于中小型咖啡馆品牌成型较晚，大多数所谓的小型咖啡馆品牌，其内部的管理体系尚未健全，售后服务很难覆盖全国市场，所以选择这些咖啡品牌时一定要慎重考虑自身情况。

◆ 独具风格的装修。因为具有多年咖啡馆的连锁经验，多数公司形成了相对成熟的装修风格，以及店铺的营运独特风格。对此，不得不提及的是，如今装修公司如雨后春笋般涌现，众多的装修风格以及装修工程队伍充斥市场。咖啡馆的装修已经变得不再那么神秘。更何况，加盟业主自身就是经验老到的房地产商人或工程公司的老总。因此，咖啡馆的工程装修很多时候已经不再成为控制因素，如果你就是这样一个房地产商人，或者工程公司的老总，不难拥有一家更具韵味的咖啡馆。例如，我了解的连锁咖啡店铺近三成以上就是如此，如果在北方内地，这个比例更高，可能达到 5 成以上。另外，装修风格的定位不同，也是要慎重选择的。例如，上岛咖啡、名典咖啡语茶、迪欧咖啡等品牌定位为商务咖啡厅，装修风格凝重些，颜色仍然以冷色系为主，且明显带有日本 / 中国台湾风格，其中，迪欧咖啡引入部分欧式风格，在整体上略胜一筹；两岸咖啡、绿茵阁、老树咖啡、新岛咖啡等，虽然也定位为商务咖啡厅，但我认为更多带有休闲感和时尚感，装修上适当活泼，色彩相对鲜艳，定位时尚，餐饮上突出西餐概念，在行业内也很具有人气；其他品牌，如仙踪林、避风塘茶楼，以及在地方区域较为成功的良木缘、圆缘园等，在各自的经营领域，在装修风格上也有不少突破，算是不错的选择。

◆ 专业的管理团队。经过连锁餐饮的锻造，大的连锁公司形成了自己较为成熟的管理体系。所以加盟一个品牌从而获得一个良好的管理经验值，也变成了很多加盟业主的初衷，甚至是以后经营盈利的保证。但是，连锁品牌的疯狂扩张，以及连锁公司的利欲熏心，使得连锁公司中的人才大量缺乏，以致造成一个服务员一年就可以提升为领班，两年就可以做主管，三年就可以做店长。试想，一个投资在200万左右的咖啡馆，交给一个20岁出头的小女生来管理，经营风险可想而知。当然，连锁公司仍然有些能力不错的经理人，但不是每个加盟店都能有机会获此殊荣的。此外，如同电影里面说的，"21世纪什么最贵？人才

◈ 迪欧咖啡开业合影

最贵！"实际情况也的确如此。餐饮行业中，服务员难求，所以很多连锁餐饮公司都不愿再提供人力了，只是提供培训服务，但是因为当地招聘的人员素质参差不齐，短短时间的培训很难说有实际效果。更有小的品牌打出，加盟费包括员工的全员配备！但是实际状况如何呢？例如，某北方连锁公司在接到加盟业务后，仅提前一个月迅速从社会上招聘到一批人员在总部集训一个月，然后再临时从自己的直营店抽调一小部分（事实上，这个部分的人员不多，另外，多数质量不好），一个月后派送至各个加盟店了事，那么，我想人员质量堪忧吧。由此看来，想从连锁咖啡公司得到优良的管理经验，也要靠运气。记得在早期，上岛咖啡公司还把自己的管理制度、培训资料等当成"无上至宝"，加盟业主都不给呢！

◆ 营销方案提供。事实上，店铺盈利的一个关键是地点的先天优势以及后期的店铺运营管理。那么，如果你拥有一个地理上的优势，自然收益颇多。如果你运气好，人员管理不错，餐饮质量不错，自然不愁生意不上门。但是一

165

旦地点不够理想，人员管理不佳，餐饮质量不高，那么我想，多数的餐饮公司会认为："你在当地都没有办法，我们远在天边，又能如何呢？"何况那些连锁店，拥有多家店铺，就算有劲也不一定使得上啊！于是，多数连锁公司会采用更换店铺管理人员的方式来进行店铺远程管理，这同样如上所述具有一定的即时性。

再有就是一些细节的管理部分了，类似于供货价格与当地采购之间的问题及工程遗留问题的解决等，这些不用太多工夫就可以了解，在此不再多作说明了。

以上是目前连锁公司相对普遍的现状，所以对连锁公司的选择以及慎重了解尤为关键。一旦选择加盟后，有效地与连锁公司沟通也很重要，以便获得连锁公司更多的支持！

所以在选择加盟项目之前，还可多关注同行业在加盟咖啡馆品牌时遇到的问题，从他们身上或许能看到很多自己未来的影子。

神秘的咖啡连锁公司

当每一位加盟业主很小心地把多年的积蓄投资在一个品牌上的时候，很多人是想满心欢喜地等候因品牌带来的无限商机和利润。但是，事实真的如此吗？差强人意的案例也是不少的，在这里简单列举几个大的连锁品牌经常遇到的案例，希望让连锁品牌得以规范，让加盟业主也因此受益。

前期评估过分夸大，后期经营差强人意

前期评估是最普遍的一件事了。很多品牌，在抢占商机和地盘时，往往为了自身利益而对评估地点过分夸大，运用所谓的专业度来有意或无意地"忽悠"加盟业主。这个不用举详细的例子了，很多加盟网站上的那些示意评估，可见一斑。夸大的地点优势，夸大的人均消费，夸大的上座率，由此获得夸大的业绩。对于这些，明眼人还是很容易识破的，但是那些夸大的品牌优势以及

夸大的售后服务等，就有点障眼法了。
于是，很多加盟业主不明就里地与之合
作，日后生意稳定还好，一旦生意不尽
如人意，翻脸也是迟早的事情。一般来
说，连锁公司应当提供如下评估数据，
如商圈图（可以看出连锁公司对所在店
铺的基本信息的了解情况）、潜在消费
群分析表（可以了解连锁公司是否对
店铺进行相对深入的了解）、营业额预
估（可以看出连锁公司对同类行业的了

◇ 作者（右侧第一位）现场指导咖啡店筹备

解情况，以及对自身定位的理解）、客源分析及来源预估（可以知道连锁公司
是否进行深入的调查），其他的都是些硬件上的数据了，包括装修外观效果图、
配套设施情况等。

合作过程，大事没有，小事不断，逐步影响双方的合作诚意

这个也是比较普遍的，如同居家过日子，小事不断没有关系，反正都是过
日子，但是这样日积月累之后，往往经不起大的震动。例如，合作过程中双方
提供信息的速度、双方的配合度等加盟业主作为主要投资人，总是想先早点获
得相关信息，如餐牌、营销方案、装修图纸、效果图等，但是连锁公司，因为
程序问题以及保密因素，并不想太急于显示这些，于是造成沟通的不畅通。大
家从刚开始的怀疑，逐步到后来的不爽快，直到遇到生意不好以及其他重大问
题上的分手、翻脸！

立场不同，各自都有算盘经

连锁公司最直接的利益来自加盟店铺的数量，所以多数连锁公司在不断扩
张的过程中，对每个店铺的期望并不是很单纯，比如，有些店铺可以"赔本赚吆

喝",但是加盟业主的想法也不是那么单纯,他们更多地想通过加盟一个可靠的品牌来赚钱,在他们眼里只有赚钱,绝对不允许赔本,赚吆喝也不行。更有些加盟业主,想通过和大的品牌合作,来学习管理经验,以便有朝一日可以"另立山头",这种心态,仍然不是少数人的专利。如今这种心态,在江浙地区,也是愈演愈烈,并且也的确诞生了很多不错的中小品牌。于是,那些连锁公司往往有所保留,不愿轻易地放手,以致把自己的任何东西都当宝贝藏起来,例如,当年上岛咖啡的培训资料,是不会轻易流入加盟店的,如今,对于那些产品名录及管理制度,仍然是不签订合同,不会放手交出,大有"不见兔子不撒鹰"之感!

费用,费用,还是费用

收费的标准过高,甚至有些部分还违诚信的原则,这如何能让加盟业主信服!某西餐品牌的装修费用1600多元/平方米(不包含设备设施及灯具类),实际却并没有让人感受到应有的大气豪华;本地采购的杯子10元,公司发货要30元以上;本地拥有良好的装修队伍,却一定要从外地雇佣连锁公司的工程队,费用高,日后维修也相当不便。很多加盟业主在当地具有独特优势,他们或者是工程公司的老板,或者是建材公司的老总,或者是房地产公司的董事长,甚至是本身拥有多家餐馆的经理。而有些咖啡连锁公司为了满足自身的利益,全然不顾那些优势,自然不讨加盟业主喜欢。但是反过来,我所经历的也有很多,当地业主为了省钱,而在当地找比那些连锁公司更差的施工队伍,或者采买质量更差的物品,从而也得不偿失。所以连锁公司和加盟业主,如何把各自擅长的资源相互有机结合,变得很实际。当地业主有当地业主的优势,专业公司有专业公司的优势。

看不到的营销广告推广

多数连锁公司的营销推广,都是靠店铺的自身推广来进行的。就是说连锁公司很少做大型的广告宣传。一般连锁公司的宣传策略如下:

◆ 店铺本身的招牌,尤其是那些台湾品牌,多数店面招牌很大、很醒目,这个就是台湾人所说的硬件广告，全国数量多，自然知名度广；

◆ 参加大型招商展，尤其是大型的特许加盟展，又是推广自己，又是推广加盟业绩；

◆ 偶尔的当地大型活动，如咖啡文化节等，或者参加展交会等大型展会活动，成为赞助商等；

◆ 店铺或区域的联合营销等，不一一列举。

总之，因为资金等一系列原因，很少有大量的广告。其实，餐饮是个服务型行业，它一般以口碑为主要营销方式，所以很少有餐饮品牌做大量的媒体广告，电视广告就少得可怜，多的仅是报纸，或者时尚杂志；其他的就是单一店铺的应情应景的优惠活动了。如此，也增加了那些加盟业主的疑惑，不做广告怎么享受到品牌的优势呢？其实，有些时候品牌的优势不一定是靠那些电视广告或报纸广告体现的，例如，店铺的宣传单张及内部画刊、店铺全国的连锁数量、店铺装修的统一、人员服务管理的统一等都是品牌的力量。或许这些对加盟业主的经营的帮助都微乎其微，不过这个很实际。解决方案倒是有的，看看麦当劳、肯德基，就知道国内咖啡连锁行业努力的方向了。

售后服务不够理想，甚至根本没有售后服务

连锁公司的总部面对的是一个庞大的连锁店铺面，而不是单一的店铺，所以很多时候在跟进管理上的确不及时，甚至跟进的效果也不甚理想。其实，这其中也有一些费用的因素在作怪，如督导管理费用谁出、督导管理人员的吃住行费用谁掏等。小的公司自然不会负责这些，大的公司当然也是掏得不情愿。加盟业主更是叫穷："所谓的来督导管理，仅仅是开个会，检查一下卫生，为什么要掏钱？而且，本来就应该督导，合同上不是写着吗？"管理公司也是振振有词："管都没人听，怎么管？卫生做不好，如何管理其他？"于是，小的公司干脆就不来了。大的管理公司也不是万能的，管理效果也不一定次次都会

好，于是口角的发生也是难免！

以上是几个主要的很容易使连锁公司加盟业主处理不好关系的原因。就我自己遇到的案例，或者同事朋友遇到的案例，反映出来这几个原因也最多。其他的在细节上还表现为：

◆ 前期合同签订的时间问题。前期的沟通效果，决定了以后的合作，因为这个时候是个双方磨合期，双方都有一定的防范意识，并且有些时候的确各打各的算盘。

◆ 供货方面的问题。多数情况下连锁公司的产品货品，价格是略高于当地的，理由是带有标志和品质较高，但是那些没有商标的为什么也要在连锁公司供货呢？对于这个很多加盟业主不能理解。

◆ 工程装修问题。谁装修的问题，就不细说了，问题点是最多的。

◆ 人员配送问题。连锁公司在这个方面的确有一定的即时性，并且越是小的公司，人员品质越差，所以加盟业主往往安插自己的管理人员，但是往往越搅和越乱，很多时候，加盟业主找的管理人员更差，风险更高。

这几点也是很容易和加盟业主关系搞僵的常见原因。不过，关键仍然看营业额，营业额好，赚钱了，都好说，不赚钱，就很难说了，所以在加盟品牌续约金、索要管理费、工程款等一系列的费用问题上也是有很多问题的。

自己的美梦自己做

——自主创业的要点分析

梦想这个话题，是近几年电视上最火的字眼，一系列的电视节目都以梦想为主题，东方卫视的"中国达人秀"更是把平民的梦想点燃到最旺。特别喜欢中央台一档综艺节目的广告语：如果有梦想，干吗你不来？！是啊，有梦最美，既然我们拥有一个美丽的咖啡梦，那为什么我们不亲自实现自己的梦想呢？或许你会说不知道从何下手，那么通过本书前几章或许你已经对这个美丽的咖啡梦有了自己清晰的认识了吧？这里我再简单地补充介绍一下，因为还是会有些小窍门的。

描述梦想，找到现实中的影像，这部分可以找专家，但是现实中的参照物更重要，因为它更加直观，但是请你不要试图把它过多地改变，成功最简单的方法就是山寨，当然尤其是精神层次的山寨。

产品制作、经营管理，这些更是日后经营的根本，也是对于很多人来说比较头痛的部分，如何克服此项呢？找到合适的经营管理人才即可。如何找到他们是有点学问的，你可以加入咖啡论坛，或者在网络上寻找他们。当然也不排除你亲自去经营不错的咖啡馆打工的可能。

尽管网络上有很多信息会告诉你加盟到一家成熟的咖啡品牌有多么大的好处，自主创业会有多么大的风险，但我想这不能一概而论，如果你具备以下几个优势，自主创业还是有诸多好处的：

◆ 具备一定的资金能力，能够抵御一定的经营风险；

◆ 本身具有一定的同类店的经验，创业是经营升级；

◆ 自由物业房产，或者能拿到良好的店址，商圈成熟，房租合适，具备开设咖啡馆的条件；

◆ 自身是行业的资深从业者，或者能够找到优秀的从业者及团队；

◆ 虽有部分能力上的不足，但是可以很好地规避潜在的未来风险，例如，缺乏好的管理团队，可以通过公开招聘来解决；装修风格陈旧或者定位稍偏，如果不增加太多开支，可以通过二次装修或翻修来调整。而如果地点选择欠佳，商圈选择失误，则无力回天了。

此外，由于国内连锁行业起步较晚，并没有国外关于特许加盟操作的规

范，所以去选择那些所谓的咖啡连锁公司，很多时候并不能规避投资风险。如此看来，如果具备以上几点条件，自主经营开店还是非常可行的。此外，加盟某些咖啡品牌，需要缴纳不菲的品牌使用金（加盟费），部分咖啡品牌打着"保质保量"的旗号，来控制装修、控制产品货源等，这些都会增加至少 10 万以上，甚至 50 万以上的开支，如果你真的认为这是一笔可以交的"学费"，那就真的没办法了，我只是想问，这样交学费是否值得呢？如果店铺这么赚钱，为什么那些品牌公司不自己做，而让我们这些"外人"做？

别人的美梦我来做

——揭开咖啡连锁公司的神秘面纱

对于大多数投资人来说，由于缺乏必要的资金支持、餐饮行业经验的支持、咖啡馆现场管理知识、装修设计支持，以及产品操作方面的支持，加上又不懂得如何营销推广店面产品，他们还是希望加盟一家成熟的、口碑不错的咖啡连锁品牌，直接利用别人的现成经验轻松做咖啡馆老板。

先说行业内优秀的咖啡馆品牌，说它们优秀，是因为它们至少具备以下几个特征：

◆ 拥有多年的咖啡馆经营经验；

◆ 拥有 2 家以上的咖啡馆，甚至几十家上百家咖啡馆，其中还包含不少的直营店铺，经营状况理想，并在区域乃至全国具备一定的知名度和影响力；

◆ 有成型的管理公司操作品牌业务；

◆ 具备特许经营的法规政策；

◆ 具备发展连锁店的条件，拥有足够的人才储备、较完善的培训体系以及物流体系。

这样的品牌，我们至少可以多去关注与接洽。成熟的、稳定发展中的品牌优势的确给我们带来很多实实在在的利益，随着连锁品牌的不断壮大，我们也在充分享受着品牌壮大带来的诸多实惠。所以加盟一家不错的咖啡品牌，让它辅助我们经营，带领我们走上正轨，这也是个不错的选择。

但是，以我的从业经验来看，这样优秀的咖啡公司在国内非常少，网络上甚至还存在着一批专门打着"加盟"旗号的"骗子"公司，投资仍然需要多一些谨慎小心。

不要掉进连锁加盟的陷阱

——防止落入"加盟陷阱"的九条金科玉律

近一两年，餐饮业加盟连锁成为当今社会投资的热门项目，其中不乏一些不良商家和骗子利用地区之间的差异和投资者"背靠大树好乘凉"的心态来进行欺诈。要识别这些可能招致你的投资血本无归的骗术，需要从下面一些常见的招数来分别。

充分利用投资人的投机心理，使其冲动投资

之所以把这一条放在首位，是因为这一条是无数老板掉入加盟陷阱的根源。很多投资人都对自己的项目非常自信，他们认为自己更了解当地市场，更清楚当地的消费习惯，更熟悉当地的行业行情，更坚信自己的眼光，更坚定地认为咖啡馆"利润空间大，好赚钱"，更觉得"投资少，好管理"，甚至更有着"有钱，玩玩儿看，没什么"的心态。带着投机心理的老板们，刚到加盟总部，就已经被这些总部的招商经理们抓个正着。我曾经也供职过国内非常著名的以加盟连锁为主的北京某咖啡品牌，对此深有体会。从下面一段对话，就可以看

出投资商的愚钝。

招商经理：先说说你所在地点周边情况吧，我们好了解一下商圈。

（先摸摸客户的潜在心理需求。）

客户：这个商圈非常好，临近我们的县政府，对面有个很大的县政府广场，后面是我们那里最高档的小区，旁边还在建设一个五星级的商务酒店。

（一开场，客户已经把那个地方设定成非常好的地段了，这是大多数带着地点去找那些加盟总部的客户共同的常犯错误，这种心理往往直接导致其掉入加盟陷阱，可怜的是这个陷阱往往就是自己挖的。）

招商经理：哦，那个地方肯定很不错了，你对当地那么熟悉，真有眼力，有政府，有酒店，还有广场，环境也好。不过，不知道那边消费力怎么样？

（开始顺杆爬，夸赞对方眼力不错，让客户飘飘然，争取让客户冲动！）

客户：消费力啊，现在我们那里的消费都非常高啊。北京咖啡多少钱一杯？

招商经理：一般是二十多元吧。

◆ 小心咖啡馆加盟背后的各类陷阱

客户：我们那里也是那么多，有的咖啡还四五十元一杯呢。

招商经理：这么贵啊，你们那里消费力够高的啊。

客户：那当然，北京消费我看也就那么回事，我们那里人有钱。

（的确现在经济发展了，区域消费能力差别不大，市场经济条件下，很多物品的差价很小，这只是其一。更为关键的是，很多客户是带着自我意识表达的，他们能开设咖啡馆，自然经济收入在当地非常了得，自然感觉当地物价不高、消费力强，其实他们仅仅代表自己群体，而非广泛群体。）

招商经理：我可不相信，你们那里能比北京高，我可是担心你们当地的消费行不行啊？

（这是一个"欲擒故纵"式的提问，一来体现总部人员的善解人意，会替客户考虑问题的"专业性"；二来也刺激客户，以挑动他们"争强好胜"的心理，因为大多数来北京总部的外地客户的经济实力在当地非常强，同时他们来北京有种特别的心理，即就怕大城市的人瞧不起自己。这些细微的小心理都会被这些招商经理们牢牢抓住。）

客户：我们那里都开了五星级酒店呢，肯德基也要开呢……

招商经理笑眯眯地说：……

以上这段话，绝非我凭空捏造，而是非常真实地发生在我曾经服务过的企业中，而相当一部分客户就在"自己挖的心理陷阱"中"自甘陷落"。而这些招商经理们设计的一个个环节，更是逐步使客户的自我心理不断膨胀到极点，这些大老板只好乖乖地进入陷阱。我们以其中某品牌的大致招商流程为例来分析一二。

环环相扣让你落入加盟陷阱

——招商加盟的"六脉神剑"

我们通过对某品牌六大招商步骤的逐一分析，来揭示这些品牌加盟商是如何步步引君入翁的。

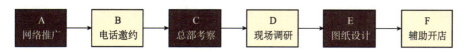

招式一：强势广告，虚假宣传，瞒天过海

通过强大的网络推广模式，借助虚假广告，夸大自身连锁规模，大肆利用网络进行宣传包装，在百度、谷歌等搜索网站做强势的竞价排名推广，并结合部分门户网站、博客等方式进行全方位或直接或间接的宣传包装。虚假的广告宣传把这些"品牌总部"包装成了"源自法国"、"源自欧洲"、"源自瑞士"的"国际知名咖啡品牌"。网络包装和宣传也是有窍门的，这些"国际连锁品牌"深谙此理，它们会特别针对目标省份区域来定向投放网络广告，尤其是中小城市。因为中小城市的老板们，更有投机心理，更信服"大城市，就有大品牌""发达城市，经营管理理念也发达"，而一旦这些偏激的错误理念在脑中盘旋的时候，后面的陷阱就顺理成章了。

而在网络上，这些"连锁品牌"则大肆宣传与包装，夸大品牌与规模，动感的画面、优美的背景音乐，把这样其实仅仅位于"北京丰台某个大厦角落的办公室"成功地包装成一个"国际一流的餐饮管理公司"。

其实，任何一个品牌在营销过程中，都有适当的渲染，这样才能招来眼球，尤其是现在这个网络时代、信息时代，品牌营销更是无孔不入。肯德基总是把它的汉堡弄得新鲜诱人，且分量十足，其实当你现场享用的时候也不过如此，这就是品牌包装的技巧，这本来无可厚非，但是如果过于夸大甚至欺骗就不好了。

招式二：电话营销，巧舌如簧，请君入瓮

绚丽的总部网站，让人云里雾里，什么"法国品牌""美国制造""欧洲血统"，什么"联手国际、强强联手"都是些子虚乌有，但是当我们缺乏辨别能力的时候，我们总是很容易相信这些美丽的外表。于是我们拿起手中的电话，直播各公司免费咨询电话，直接咨询，来个"网站为虚，耳听为实"。于是就有了下面的电话咨询。

招商经理：你好，这里是××咖啡品牌国际连锁总部。

（"国际总部""某品牌大中华区""法国某品牌在中国总代理"等字眼，都纯属无稽之谈，无非是自抬身价，当然也是满足客户的需求，客户不就是想找个大品牌嘛，品牌名字大些，品牌不就大了嘛。）

客户：你好，我想咨询一下你们都在哪里有店及店铺经营情况如何。

招商经理：你好，请问，你在哪个城市？

（这个看似答非所问的答案，其实正好是切中客户要害，只要你回答湖北，招商经理就会回答我们在东北有店面，只要你回答四川，招商经理就回答我们在河南有店面，总之，不让你那么轻易地去现场看到店铺，防止那些店铺穿帮，更何况很多时候这些"所谓的大品牌"根本就没有店，至少没有可供你鉴别的直营店，要知道大多数上当受骗的加盟店早已对这些"品牌总部"恨之入骨，这些可怜的加盟商们是不会替总部美言几句的。）

客户：湖北襄樊

招商经理：哦，我们在四川、河南以及陕西都已经有了店铺，经营状况都非常不错，当然也有部分是刚开业不久，生意还不太稳定。

（通过这几句对话我们看到，四川、河南、陕西都有店，偏巧湖北没有店，绝对不是巧合，而是招商经理们故意留下的市场空白，让那些"思想单纯的投机者""自投罗网"。此外，为避免客户上门看店，也留下一个"有些新开店生意不好"的"真实假象"，让客户感觉还是很真实可信的，"羊"一旦放松了警惕，就更容易被"狼"抓住了。）

客户：我们这个地方位置还是很不错的，周边……你们能否先过来看看？

招商经理：通过你对地点的介绍，商圈应该还是不错的，毕竟你对当地非常熟悉，而且能有这么大的投资，人脉关系肯定非常好，不过，毕竟投资是有风险的，这么大的投资，还是要慎重，所以为了保障你的利益，我们必须要进

行必要的现场考察。不过，在考察你的店面之前，也诚挚地邀请你来我们的总部进行考察指导，这样你会更加了解我们的公司。

（这又是一个欲擒故纵式的回答，先夸奖一番客户的"眼光不错"，同时又故意设定一个合理的门槛"必须要进行严格的实地考察"，这会加重总部的专业印象，貌似很负责任的回答，让客户更加放松警惕，接着，邀请客户参观总部，则更像是一个负责任的礼仪邀请，然而接下来的总部考察，则可能是一个更大的陷阱！）

通过电话直接与客户真实交流，这是总部的工作人员和客户的第一次正面"交锋"，所以电话邀约能否成功则是这些品牌公司的关键步骤。当然，客户并非那么容易上当的，他们也有自己的想法和逻辑，所以很多"连锁品牌总部"的电话销售有时并不急于进行咄咄逼人的销售，而是先和客户联络感情，例如，通过QQ等网络手段，不断和客户拉近关系，逐步和客户建立广泛联系，这个邀约间隔短则数日，长则达到3~6个月之久。在中间过程中，这些招商经理们煞费苦心，有时甚至"不得不"施加一些"无中生有的压力"，例如，我们还以以上对话的客户为例，时隔两月，客户仍犹豫不决，此时，招商经理们另一个"无中生有"的计策油然而生！

招商经理：你好，你在襄樊的项目考虑怎么样了啊？

襄樊客户：哦，我还没考虑太成熟，不知道这边的生意好不好做，而且这个面积挺大的，不知道投资回收如何？

招商经理：哦，是这样，我想投资必然会有些风险，你这样考虑是对的。不过，我想第一步应该让我们先去现场考察一下，帮你好好地把把关，你只需要支付我们的基本开支就行了。还有，我想问你一下，是不是最近你有朋友也想在襄樊开店呢？总有恩施土家族苗族自治州，以及湖北其他地区的客户来电话咨询呢。

（还是强调要进行选址考察，这显得十分高调，"多么替客户着想"啊。后面那句，可就足以让客户摸不到头脑，甚至有点眩晕了。"难道这边有那么多人都想投资咖啡馆？""这边市场不错啊，否则怎么会有那么多人咨询呢？""我当初是第一个咨询的，如果被别人抢了先，生意就不好做了啊。"）

客户就在犹豫中，十分关心是谁敢抢"我的商机"的时候，招商经理又笑了……

通过以上几段对话，我们可以清楚地看到电话里的招商经理们都巧舌如簧，步步为营，逐步揣摩电话里的客户的交谈心理，然后逐步让客户放松警惕，一步一步地把客户拉进"陷阱"，而这个过程中，我们也可以清楚地看到客户自身的心理素质也的确是那么不堪一击。

招式三：总部设局，瓮中捉鳖

通过绚丽的网络宣传，以及招商经理们巧舌如簧般的电话邀约，我们的客户们怀着对"国际连锁总部"、"法国著名品牌"的无限憧憬，终于到达北京（之所以以北京为城市案例，一来我对北京咖啡市场非常熟悉，二来北京、上海、苏州、广州、深圳等一线城市更容易吸引客户加盟，而加盟客户更喜欢去"大城市"引进"大品牌"），当然，客户们也深刻感受到了这些"国际连锁总部"的盛情接待。

◆ 总部豪华轿车接送。无论是机场，还是车站，总部直接派司机接送客户往返总部。其实真实情况是：这些车辆仅属于总部的某个人，而非其公司自有车辆，甚至为了迎接大客户（大型店铺、高加盟费的客户），他们不惜去租车，去向朋友借车，甚至去借"军牌车"、"使馆车"。所有的这些无非就是为了彰显总部的"实力"与"诚意"。

◆ 参观总部，饭局招待，市区观光。总部参观考察，是客户进京的首要任务，这些总部自然会做好充足的准备。这些总部，办公区大多是在高层的写

字楼里，或者城市较为繁华的商务区，用以彰显总部的实力；总部内的办公人员，忙忙碌碌，彬彬有礼；办公室设计考究，咖啡文化气息浓厚。这些都会给客户留下良好的"专业印象"。

饭局招待有两种方式。一种是去临近的较为高级的饭馆接待，以显示总部的热情、好客与真诚，用以拉拢感情；第二种则是去实体店面就餐，这也是大多数客户的首选方式，而这中间猫腻不断，如事先安排好自己的工作人员去咖啡厅内消费，以造成"生意兴隆"的假象，更有甚者为客户准备专门的菜谱，以及食材。我曾经专门考察位于北京西四环的一家以加盟为主的"品牌连锁"公司，他们甚至为了"讨好"客户，从外面的必胜客购买比萨来冒充说是自己的专业厨师制作的！

对于部分首次来京的客户来说，基本的市区观光是另外一个讨好手段。大多数客户都是从中小型城市来的北京，首次来这么大的城市，会有陌生感与新鲜感，部分客户甚至会有压迫感，他们对大城市向往的同时也带有神秘和恐惧。总部的招商经理们正是抓住这点，借机加强客户的神秘感，不断描述京城的豪华，用以彰显自己品牌的实力，同时也加深客户自身的渺小感，这样更加容易让客户产生"大城市，大公司，大品牌，就是不一样！"的心理。于是，在招商经理的陪伴下，CBD核心商业圈、天安门、东单、西单、前门、王府井，哪里高档去哪里，哪里繁华去哪里，招商经理的确辛苦，但是辛苦又绝对值得，一路上表"衷心"，一路上诉"情长"，客户已经不再是客户，而变成"王哥"、"张姐"，变成了朋友，变成了"亲人"，于是，陷阱也不再是陷阱，而成了商机。

招式四：实地考察，虚张声势

往往通过对总部的考察，以及和招商经理们的进一步细谈，客户们已经完全放松了警惕，但是要想真正地在合同上签字，还差一个关键的步骤，就是要进行实地考察。因为这也是大多数"品牌连锁"公司打得最多的一张"专业牌"，也是大多数客户喜欢的一张牌。

据我所知，大多数的"品牌连锁"公司，为了彰显专业与负责，一般会派出 2~3 人的考察团队，费用一般会让客户提前支付（一般会在客户考察总部时提前支付，金额少则 5000 元多则 10 000 元，而让客户交钱的另一目的则是考察客户的意向）。这 2~3 人的考察团，以设计、招商、运营三大板块为主，名义上以实地考察当地商圈为主，实则以怎么能让客户缴纳金额不菲的加盟金为主。

加盟金这个词，在这些总部的字眼里会有多个称呼：品牌使用费、品牌授权费、品牌合作费等，均为换汤不换药，而严格意义上来说，只有拥有特许授权资质的品牌，才能收取这项费用。而在利益的驱动下，在客户的投机心理的作用下，什么政策法规都是徒劳的。

所谓的实地考察，也大多是有名无实，基本上客户为了显示热情好客，都积极招待"北京远道而来"的"客人"，"大献殷勤"。考察店面也仅限于：现场丈量场地；评估几个基本数值（有无排烟系统、消防是否通过、能否办理餐饮证照等）；竞争对手试餐；周边商圈走马观花。

如上四项实地考核基本还是以客户自行提供为主，这也是大多数客户会"自投罗网"的原因。客户往往都会自己把商圈描述得非常好，如临近酒店、临近政府、临近高档商场、临近高档社区、临近车站码头、政府即将搬迁的新区等。根本不用招商经理自行调研，客户自己都先把地点渲染一番，招商经理们自然投其所好："你说好就好，不好也好！"而去竞争对手试餐，则是更重要的一个彰显实力的契机和手段，一定会把竞争对手的服务、产品、装修评估得一无是处。更有意思的是，客户往往就是因为不喜欢对手，才会选择新品牌的，所以基本上对竞争对手的不利评估，也正中客户下怀！评估的那些能否开

店的基本数值，算是有用，毕竟无论如何也要让店铺开起来，当然，有时也不重要，也就是不管能否开起来，一切以能否收到"加盟金"为前提！另外一项实际工作就是实地丈量尺寸了，这主要是为日后做施工图、效果图做准备的，尺寸丈量还算仔细，但是日后设计则难免出错，尤其是图纸无法跟实物良好对应，不是吧台大些，就是吊灯无法对上台面中心。而整个考察的过程不会超过三天，甚至是当日到现场，当日就离开，这样有好处：一来显得总部的招商经理们业务繁忙，总部的生意红火；二来夜长梦多，防止客户反悔。

招式五：设计施工"全程"跟进，亡羊补牢

这些"连锁品牌总部"往往都会抛出另外一张"王牌"——专业设计师团队、全程施工监理，甚至专业施工队。就我自己从事过的咖啡连锁品牌，还真的有做得相对不错的，如迪欧咖啡、雕刻时光等。其他则大多虚有其表。外包设计师、外包工程队为多，外包给专业的设计或者施工队，这本身无可厚非，强强联手，战略合作嘛。

可偏巧很多"品牌连锁"公司，为了节省图纸设计的费用，会选择并不擅长餐饮场所设计的设计师，甚至是普通家装设计师，其中还不乏刚毕业不久的学生，加上每月较大的业务量，这样的状态下，图纸设计出来，自然漏洞百出。

那些设计师有时直接从网站上下载其他咖啡厅的效果图来充当自己的设计作品，或者直接使用曾经给其他店铺设计的图纸，索性来个张冠李戴。而所谓的效果图、平面图、水电路图、施工图，在实际的工作进展中往往会"缺斤短两"，要么就是不符合实际。甚至体现餐厅功能布局的平面图都漏洞不少，例如，山东某地加盟了北京某咖啡品牌，一、二层面积总共近600平方米，二层的层高只有不到3米，但是却设置成了后厨，后厨地面必须铺设排水管道，而这是要抬高地面的，顶面还要有排烟管道及吊顶，层高根本不够，怎么能将二层设置为后厨呢？又例如，河南安阳某店，几乎整个为包厢，大厅只有两张

台面，设计理由是当地人都习惯"私密性"。简直是无稽之谈！咖啡厅不同于
KTV 娱乐场所，尽管也需要私密性，但是也不需全部为包厢，要知道咖啡厅
如果包厢过多，白天消费能力会受到很大影响，同时，咖啡厅包厢消费额度较
高，也容易给顾客"消费过高"的印象，同时过多的包厢设计也影响翻台率。

专业施工队施工？这其实是很好的想法，但是实际操作起来难度不小。要
知道没有强大的管理团队做支撑的"品牌连锁公司"对施工队的管控是十分有
限的，异地施工难度相当大，不但成本加大，而且日后维修难度更大，更何况
"品牌连锁公司"为了节省施工费用、从中获利，并不一定找专业的施工团队。

那么，对于此项工作，"连锁品牌公司"到底给加盟商提供什么样的支持
呢？据我所知，效果图、平面图是必需的，其他的就是施工图纸了，只是大多
会缺斤少两，有时根本无法照图施工。

招式六：虚无缥缈的运营策划与培训支持，为时已晚

大多数"连锁品牌公司"，都会强调他们的运营团队是如何强大，策划能
力与培训能力是如何完善。而实际上大多数的以加盟为主的"咖啡连锁品牌"，
都没有真正的专职运营部门或培训部门，所谓的培训基地，也大多"门可罗
雀"，只是等到客户参观时，再演场戏而已。那些辅导开店的"培训老师"、"礼
仪老师"大多是从其他成熟品牌"网罗"过来的员工，缺乏专业辅助团队的支
持，他们这些"老师"单独"带兵打仗"，能力还是非常有限的。

辅助开店是怎样的呢？

运营部门在从总部的市场部门得到某地要开店的信息后，即刻通过网络招
聘，或者朋友相互介绍，来临时组建一个团队，这个团队往往以厨师班子或店
铺的管理人员为主（店长、吧台长、外场部长等）。临时组建的班子大多跟总
部没有任何联系，他们甚至都"不清楚总部的大门朝哪个方向开"！这就是总
部所谓的"专业管理团队"了。而这个临时组建的"散兵游勇"进驻店铺之

后，更是麻烦多多，因为他们到某地开店的主要任务竟然是"尽量地从总部多叫货"！更厉害的是，由于组建厨师团队大多是采用承包的方式，高额承包的厨师班子往往是"良莠不齐"，生手多，熟手少。在这些不健康的"专业团队"管理下的店铺，不但要支付不合理的厨师承包费用，还要晕头晕脑地从总部购买大量的物品，缺乏职业道德的管理团队还往往会和当地的供货商勾结"吃拿卡要"。

那么，总部派过来的团队是否都很差呢？有时完全靠运气！这就要靠具体负责店务管理的"总部协调人"也就是"督导老师"或"筹备经理"了，他们能找到好的管理班子，当然就有好的管理效果，找不到好的管理班子，运营结果可想而知。因为这些团队被总部运营相关的负责人招募过来也的确花费了一番苦心。只是要想组建一支架构合理的班子真的很难，店铺经营的好坏，完全取决于这些负责人招募的下线质量如何。

或许，此时的加盟商已经醒悟过来，但是为时已晚了，箭在弦上，店铺即将开张，怎么办？只能等到店铺开张之后，逐步更换管理团队。据我所知，大多数的"咖啡连锁品牌"辅助店铺开业的团队，往往不超过三个月，最多半年，要么被加盟商主动替换掉了，要么被这些团队的"上级"——总部运营管理人员，人为调动到其他店继续"放鸽子"了。

全程进行营销策划？

这又是一顶十分冠冕堂皇的帽子！总部的确会有些行业资深的管理人员，但是他们并非经常下店，所做的营销方案，也大多缺乏针对性，往往是"拆东墙补西墙"，或者为了图省事，直接照搬网络方案，或者旧有案例，当然他们会在方案上特别注明"仅供参考"的字样。

其他能看到的营销，估计是各个加盟店为了各自的生存，进行的网络宣传了。

以上也仅仅是这些"咖啡连锁品牌"的惯用伎俩，鉴于篇幅因素，以及涉及行业秘密，无法——阐述，但由此也可以看出其中的端倪了。

看到这里，或许你已经头冒冷汗了吧？其实，这些手段并非无懈可击，仔细观察，其中还是漏洞百出的，只要我们的投资心态端正，完全可以避免落入陷阱。

防止落入"加盟陷阱"的九条金科玉律

工商网络查询

在中国商标网（http://sbcx.saic.gov.cn/trade/）上几乎可以查询到所有"品牌"的商标注册情况，而在工商部门的"商业特许经营信息管理系统"（http://txjy.syggs.mofcom.gov.cn）上则可清楚地知道这些"品牌"是否具备特许经营的资质。

这一条，如同"照妖镜"般，可以一睹那些"非法的"、"不具备连锁加盟资格的"、"不成熟"的品牌的真实情况。在"照妖镜"中我们可以清楚地看到那些品牌的"庐山真面目"。

有无注册？如果没有进行商标注册及商务部特许备案，就代表其是非法经营，在法律上根本不允许其以加盟连锁的方式拓展店面！

几时注册？注册年限过短，只能代表那些品牌的内部运作体系尚未健全，这也是一种隐含风险的信号。当然，部分"品牌公司"为了虚张声势，会通过某种特殊渠道，花高价钱来个"提前注册"，这也很能唬人，可谓防不胜防，不防又不行！

备案的经营项目及类别？通过这一项，可以清楚地看出其是否具备餐饮店铺加盟连锁的资质，如果其仅仅是一个管理咨询公司，充其量是为你提供了难以保障的"咨询"工作，实际的运营支持，又从何得来？

索取公司必要的营业执照

此项也是重要的环节，索取其公司的营业执照，也可以看出其公司成立的

年限、注册资金、法人代表信息及经营的范围。一般不太正规的"品牌公司"，对此项都会先推推挡挡，能不提供就不提供，由此看出"此中必有猫腻"。

总部参观

总部参观是最为关键的点之一！但之前的文章说过了，这些不正规的"品牌公司"也正是依靠"参观总部"这一"陷阱""俘获"客户的？！没错！这些不正规的"品牌总部"通过种种"巧妙环节"诱使客户逐步掉入"陷阱"。但是这并不能否认"不入虎穴，焉得虎子"的重要作用。客户之所以"误入陷阱"，一来是"狐狸狡猾设置陷阱"，二来是客户"一叶障目，头脑发昏"，他们忘记了参观总部的目的。

那么来总部参观什么呢？通过自己的仔细观察来个眼见为实！只有"几尺见方"的办公区，难道就是所谓的"国际大品牌"？未曾见到一个外籍雇员，也不见西方化的办公装饰风格，甚至连英文的文册/资料/制度都没有，又何谈"源自欧美、血统正宗"？其实就算有几张和外国友人合影的照片也并不能代表什么，我曾经在天津还遇到过美国拳坛巨星阿里"代言的"比萨品牌，后来国外的朋友曝光"绝无此事"。对此，大多数"品牌公司"会在你来总部的时候卖一个"乖"："我们也是为了宣传需要，商业模式嘛，必然会有适当夸大，但是，我们的确是有一个'外国股东'/'美籍华人'/'意大利海归'的哦。"手段很高明嘛！

拜见核心管理层

大多数客户掉入"陷阱"，自始至终都"死"得不清不楚的，因为从电话咨询，到实际接见，再到筹备运营，他们大多是跟些"招商经理"或者负责运营的"筹备老师"打交道，要知道这些员工很可能都是些普通的职员，为什么不和他们的核心管理层见一面呢？负责选址的人是谁？这是决定你投资的先天因素。负责运营的人是谁？这是负责你投资的后期因素。公司的负责人是谁？

这是关乎你整个投资整体协调的因素。

所以拜会核心管理层，尤其是公司的"法人代表"/"总经理"/"老板"，尤为重要，可谓是"蛇打七寸"的绝招。当然，这个关键人物，一般是不会轻易让客户见到的。他们往往会说"老板很忙"、"老板出国了"、"总经理出差了"。而事实上，这些"老板"/"老总"们很可能就躲在"某个办公室"甚至"某张桌子"后面，在我个人曾经的"品牌"操作经历中就曾发生过品牌公司老板充当司机接送客户的可笑一幕！

既然是光明正大的经营公司，为什么这些"关键人物"，统统"避而不见"呢？关键是"心中有鬼"，"不敢见人"吧！要知道如果企业真的非法经营，这些"关键人物"可能是要"吃官司"的！就算是合法经营了，难以兑现客户承诺，他们也是有很大责任的。和这些关键人物聊一聊，肯定好处很多，就算真的未在公司，真的出差了，弄张"照片"，"要个身份证复印件"，再不行要张"名片"，弄个"电话"总行吧？就我个人操作的品牌而言，很多"加盟商"竟然都不知道这些"品牌公司"的"老板"/"老总"的姓名！

观摩直营店及其他设施

既然到了总部，观摩直营店就应是必需的。直营店的管理是否成功，也是对这个"品牌公司"运营能力的最为实际的考察。如果这些"品牌公司"一家直营店都没有，他们怎么能协助你来运营一家店呢？既然"开咖啡馆可以获取暴利"，他们自己为什么不投资咖啡馆？仅仅是一句"北京的房价高啊"就能搪塞过去？如果有直营店，那就仔细看看这家直营店的经营情况。那么，又考察直营店什么呢？

◆ 经营状况。主要是生意情况，可以多问问店铺的经营业绩情况，往往这些品牌公司都会虚报营业额，制造一种经营很好的假象，这个只要你多"暗访"几次店铺就很容易得出答案了。

◆ 营业执照。如果真是其直营店铺，那么店铺的营业执照应该与公司营业执照有很多关联性，例如，品牌统一、注册名称统一或者法人统一等。

◆ 看规模，看装修。这一点，在本书前面的章节已经说过了，小店小做，大店大做，尽量不要混淆。同时，不要奢望他们的"设计师会按照你的思维量身定制装修方案"：第一，他们过多迁就你这个"非专业人士"的思维本身就是错的，因为"没有思想的设计师，不会做出有思想的作品"；第二，既然要选择加盟就应该是"复制"而不是选择超越，超越只能是在经营业绩上，而不是在资金的投入上，这是很多客户的投资误区。

◆ 看厨房，看后勤。厨房管理以及后勤管理往往是这些"品牌公司"的"管理盲区"，问题很多。这从"厨房卫生"、"厨房人员的头发指甲"、"厨房人员的着装举止"、"厨房设施设备的摆放"即可看出很多问题了。此外，必要时可以看看其仓库管理、厕所卫生等管理细节，这些小细节，可能会被"品牌公司"淡化，但是在实际经营店铺的时候，这些非常影响正常的店铺经营。

◆ 看管理。如何看出店铺管理的好与坏，其实除了上面讲的几点外，还有一个"绝招"，就是看店铺人员的精神面貌。一个拥有良好的管理质量的店铺，员工精神面貌大多是自然、热情、放松而亲切的。这可以通过与店员，甚至店铺的管理人员简要交谈来做初步的判断。

当然，观摩店铺的另外一个重点就是要尝试其产品了，毕竟产品的好与坏，是鉴定其店铺管理好坏的客观因素。而我之所以不把"看产品"作为重点为你讲解，则是因为"你看到的产品未必就是真正的店铺产品"，这些"品牌公司"会为你专门制作产品、专门控制出品速度，甚至不惜采用高档材料专门为你做一份"让你满意的产品"。例如，自己曾经在北京西四环的某家咖啡连锁公司遭遇其职员外购"必胜客比萨"充当其公司产品的"搞笑"经历。品牌公司如此这般，叫我们情何以堪啊？

当然，原则上，考察多家直营店为好，这样更能作出对该"品牌公司"更为真实的"店铺运营能力"的判断。

必要时，还可以参观其宣传的"培训基地"、"物流中心"甚至"咖啡豆生产工厂"等设施，这些大多是不存在的，往往是些合作厂商，或者是临时的"租赁场所"，看看这些，谎言自然不攻自破。

考察加盟店

加盟店的命运，就是你未来的"影像"！尽管这些"品牌公司"非常"不希望"你能去他们的"加盟店"参观，但是"暗访"加盟店，是个非常必要的考察环节。当然，它们往往会推荐一家自认为"安全的"加盟店，哪怕这样，也是有必要考察一二的。当然，考察的重点如下。

◆ 装修风格与总部"直营店"的差异。差异过大未必是好事。一来很可能是当地的加盟商自行设计的；二来一个没有原则的总部，也不见得是什么优秀的总部。此外，一些功能布局也能看出其是否真的有专业的设计师主理。

◆ 管理及经营情况。尽管大多数加盟店都在自行管理，但总部承诺的"长期运营支持"呢？"筹备期间的培训效果"呢？如果位置明显偏僻，生意欠佳，那么又何谈"专业选址"呢？当然，如果你能很好地与那家店的店员、管理人员，甚至老板接触，就会得到另外一番信息了。

索取选址调查报告

经过一番详细的总部考察及对其直营店、加盟店的合理考察后，下一步就会邀请总部的"专家团队"现场实地考察了。这在前文已经说过了，所谓的实地考察，不过是走马观花，仅在一个城市待一天、两天时间，何谈"专业选址"呢？既然是"专业选址"，那总要有一个选址调查报告，出具一个投资分析吧。而这些合理要求，往往是这些"品牌公司"的招商人员的"知识瓶颈"，他们根本拿不出什么"像样"的报告。当然，或许他们也会在网上下载一份，

或者事先在公司做一个"通用的表格模板"，但是这大多经不起推敲。为什么他们不想为你提供这样一份"合理的"报告呢？因为他们真的不想有太多的"把柄"在你手里！

那么，针对此项，经验丰富的"业务经理"/"招商经理"们早有对策，就是不签订"合同"不提供"报告"，或者不付定金不提供"报告"，真是"道高一尺，魔高一丈"啊！

签订协议，分次付款

如果你已经认真地做了以上 7 条，并且没有什么明显的问题，就可以"签订协议/合同"、"支付款项"了。当然，他们的合同/协议，你是有必要仔细阅读的，最好请熟悉法律的朋友一起来参详这份充满"霸王条款"的"合同/协议"。而此时，经过一番"拉锯战"式的谈判，双方往往会最终正式签订这份合同/协议（因为在合同/协议的文字游戏上，大多数"品牌公司"是不会妥协的，这也是它们的底线了），而在付款方式上，则往往是可以通融的，关于付款方式则是一场"心理战"，几乎所有的"品牌公司"都希望是"一次性全款"，它们对此可谓使出"浑身解数"让你"一次付全款"。而此时，我建议你最好要摆出一个"不行，就一拍两散"的"冷酷表情"，这也是你对自己投资的最后一道防线了，因为一旦支付全款后，往往"人为刀俎，我为鱼肉"。这里你可以尽量争取几项：

◆ 预付少量金额，换取投资分析报告及选址报告；

◆ 预付部分金额，换取设计图纸（平面图、室内外效果图）；

◆ 预付部分金额，换取整套施工图纸（这样可以最大限度地知道自己的投资情况，毕竟装修是一个最大项的投资，此外，这项也能看出对方的专业程度）。

此外，还可以在施工过程中支付一部分，以及在店铺开张前后预付一部分，当然，这就要看你与对方谈判的力度和技巧了，必要时还可拉对方入股合作，如果真的能赚钱、能获取暴利，按常理这些"品牌公司"应该也不会"到嘴边的肉都不吃"吧？尽管不容易谈判到自己想要的效果，但是做生意本身就是个谈判过程，这个谈判是很有必要的，能争取为什么不争取呢？

补充协议，争取利己条款

由于这些"品牌公司"发展迅猛，它们的合同 / 协议，也大多是有"高人指点"的，上文也说了，这是它们最后一道屏障和"保护衣"，所以这份合同 / 协议，往往都很精要、简练。据悉一份专业的"特许加盟协议"少则十几页，多则竟达三四十页！所以必要的时候可以在网上查找一份其他同行的"特许加盟协议"作为参考，并适当地补充条款，如区域保护问题、品牌授权年限问题、同城市近似品牌侵权问题、区域开店的保护条款、物流项目价格及配送问题等。

是非成败看加盟

——加盟之后如何确保盈利，反败为赢

前面的章节提到了加盟的好处，也提到了诸多加盟中的陷阱，估计你可能会有点疑惑了：那么到底是加盟好，还是不加盟好呢？如果加盟"陷阱重重"，但我们没有相关经验，只是一厢热情地想开咖啡馆怎么办？我的答案：凉拌！

凉拌也得办！既然想开一家属于自己的咖啡馆，这本身是没有错的。有了好地段，有了资金，当然就可以有追逐梦想的权利！而对于没有操作咖啡馆经验的投资人来说，选择加盟一家成熟品牌，的确是条"梦想成真"的捷径。哪怕是我这个非常有经验的咖啡资深从业者，如果要开一家理想的咖啡馆，我仍然都不排除加盟一家咖啡馆品牌的可能，何况你这个门外汉呢？

这一节就简单说一下那些已经"误入歧途"的加盟店如何经营吧。

　　既然选择了就不要后悔！很多加盟商选择了一家咖啡品牌后，往往会深感后悔，大呼上当，有些还碍于情面怕亲戚朋友知道自己"上当受骗"而不敢声张，怕自己在当地有失颜面，毕竟自己在当地算是"有头有脸"的人物。这种心理我们还是可以理解的，但是既然选择了就不要后悔，世界上是没有后悔药的，我这里提供两条意见，仅供参考！

掌握充足证据，直捣黄龙

　　整个加盟过程，可谓漏洞百出，如果你有把柄和充足的证据，仍然可以拿起法律武器为自己辩护，这样才有可能真正地为自己挽回最大的损失，而且我可以告诉你，如果真的要打官司，你赢的机会肯定很大，哪怕官司不赢，这些"品牌公司"为"息事宁人"也会做些让步的。只可惜似乎中国人大多不喜欢打官司，怕麻烦，怕费时，怕费事，怕没面子，结果让很多"咖啡品牌公司"有机可乘。

将错就错，用心经营

　　与其抱怨看走了眼，还不如将错就错，用心经营！这个咖啡馆的加盟过程，极像男女谈恋爱的过程，它是一个互动的经营过程，无论当初男方是否有钱，无论当初女方是否漂亮，只要双方用心经营这个小家，肯定也会过得有滋有味，而麻烦就在两口子总是抱怨"悔不该当初""嫁给一个死鬼"！不少咖啡馆的加盟业主就是如此，选择错了加盟对象，然后就拿店里的员工出气（也可能是"品牌公司"派来的员工），甚至是自暴自弃，降低广告宣传费用，降低服务品质，降低管理品质，结果恶性循环，这也算是"自作孽不可活"吧？还有的加盟商，一看选择错了加盟对象，一气之下，没几个月就更换了招牌，甚至把店铺几次易手转让！在我看来这都是不可取的，如果地点的选择是有保障的，内部的装修定位是准确的，台位布局是合理的，生意仍然有做起来的可能，完全不必劳民伤财地去更换招牌，更不必自找气受，反而可以利用"品牌公司"，多多为自己寻找有利条件。

"品牌公司"不是没有像样的样板店吗？我有啊！

"品牌公司"不是标榜"来源法国，香飘世界"吗？我借题发挥，继续香飘当地啊！

"品牌公司"不是自称"中国第一"、"世界第一"吗？我就努力加油，成为一个区域的第一啊！

这几条，虽然有些"助纣为虐"的嫌疑，但是的确不失一条"将错就错"的切实可行之路，毕竟生意都是自己的，风险也是自己的，悔不该当初又何必呢？！

其实，在国内"加盟连锁行业"还不规范的条件下，我们选择"铤而走险"这一步本身是没有错的，毕竟我们大多数投资人是没有行业经验的，与其"自己瞎琢磨"，还不如交学费"铤而走险"，谁让我们是"门外汉"呢！

以上所罗列的种种加盟"陷阱"，以及应对"陷阱"的方法，有时也不必过分夸大，毕竟每个客户所遇到的问题是不一样的，而无论你遇到的是什么样的问题，我只想提醒你：一定谨慎选择投资项目，同时做好应对方案，如果你能成功借力于品牌，规避风险，就是一次不错的投资经历。

在此预祝你投资成功。

附录一　咖啡馆未来发展趋势与展望

　　咖啡馆的未来发展趋势，必然是往个性化的市场细分方向发展，不过，咖啡馆存在的核心价值永远是对当地/当时人文情怀的关注，只要抓住这一核心秘密，所有咖啡馆的经营都不在话下。咖啡馆从西方舶来品的神秘，到越来越普及，已经开始逐步走入成熟与规范，所以作为咖啡馆的投资人，应当多关注中国主要发达城市咖啡馆的发展形态，这样才能容易抓住市场的先机。

　　各类型特色小咖啡馆必然会大行其道！

　　无论是什么主题，甚至是没有主题的小咖啡馆，必然会遍布城市的大街小巷，先是发达的一线城市，再到二线的经济活跃城市或旅游型城市，如青岛、大连、西安、苏州、宁波、武汉等，最后逐步到普通的省会城市以及经济不错的地级城市。这些咖啡馆面积小，投资小，有特色，有情趣，很容易打动那些追求品质生活的 25~45 岁的人群。

　　而自己很看好的其中一种小咖啡馆类型则是私家烘焙咖啡馆，这一类型已经风靡日韩及中国台湾地区，并且祖国大陆也不断涌现，因为这种类型现场烘焙咖啡豆，顾客可以真实地感受一杯好咖啡的诞生，同时，弥漫的咖啡香气，以及触手可及的各类咖啡生豆、咖啡熟豆、咖啡器具，让人仿佛置身咖啡的王国，这让信赖"眼见为实"的亚洲人更感觉专业，同时私家烘焙的方式，使店铺经营特色更加突出，从而打破过于对"好地段"的依赖，更容易生存下来，而缺陷是此类店铺需要专业的咖啡烘焙知识，需要对咖啡有深刻理解，但是对于真正爱好咖啡的人来说，投资一家私家烘焙咖啡馆，同时结合网络销售自家烘焙的咖啡豆，则是一种很不错的选择。

　　咖啡馆的商业模式也在不断变化与创新，因为它本来就是舶来的，是代表

"先进生产力"的符号。除了众多常规商业模式的咖啡馆经营，业内还逐步出现了更新颖的咖啡馆商业模式。

很多人的咖啡馆

这是一家位于北京现代文学馆对面的咖啡馆，之所以叫"很多人的咖啡

◇ 北京很多人的咖啡馆店招及内部环境

馆"，是因为它是很多人出资一起开的咖啡馆，它也是一家很多人参与管理的咖啡馆。这间 195 平方米的咖啡馆有着 78 位股东，股东出资最低 2000 元，最高 2 万元，这是首期集资到 41 万元而开起的一家咖啡馆。

2011 年 1 月 6 日蚊二妞（网名）在豆瓣网将题为"我们用 2000 块钱来开咖啡馆吧"的帖子发出后，一群之前互不相识的人饶有兴趣地参与进来，2011 年 9 月初，这个店在北京真的就开起来了。

"重点是由'很多人'一起来开，'很多人'来投钱，'很多人'来参与。一定要是'很多人'而不是'很少人'或'几个人'，我们想通过咖啡馆实现'很多人'的梦想！"很多人的咖啡馆的发起人蚊二妞如是说。

　　这就是很多人的咖啡馆所营造的"很多人投资＋很多人管理"模式。这种模式一经推出就引起了网络媒体的广大关注，褒贬不一：有人认为这是大胆的意识创新；有人认为这是都市白领们的"玩票"心理在作祟；有人也提到很多中肯的意见：78 名股东如何做好机制分配？咖啡馆的管理对谁负责？首期资金到底能否开启一家咖啡馆，后期亏本怎么办，是否要追加投资额？

　　种种猜忌最后都在咖啡馆顺利开张后逐步烟消云散，这就是一种真诚的力量。目前，很多人的咖啡馆已经顺利运行接近两年，经营也逐步进入轨道。店里的主要产品是咖啡、饮料、点心、简餐，同时定期播放电影；不定期组织各项主题活动；还举办"一日店员"活动，让顾客亲身感受制作咖啡、在咖啡馆工作的独特体验；每周"很多人的接待日"更有意思，是由股东们发起，邀请网友见面，发动大家为"很多人"出谋划策。

　　如今，很多人的咖啡馆还在逐步完善管理模式，并有望开出更多的咖啡馆，实现"很多人"的梦想。

　　很多人的咖啡馆这种多人集资开咖啡馆的模式并不是行业的先例，在更早的时候，北京市中关村的贝塔咖啡，以及 3W 咖啡馆，就已经先行一步，不但经营状况良好，还在杭州、深圳等地开设了分店。

车库咖啡

　　车库咖啡位于北京市中关村海淀图书城步行街内，于 2011 年 4 月开始营业，是一家以创业和投资为主题的咖啡厅，创业者只需要每人每天单点一杯咖啡，就可以享受一天的办公环境，可共享 iPhone、Android、平板电脑测试机、投影仪、桌面触摸屏等设备，这里还有 IT 界名人推荐的图书。可以说，车库咖啡不仅是创业者的低成本办公场所，也是投资人的项目库。

　　车库咖啡的"常驻"创业团队大约有 10 个，并仍有新的团队不定期"入

驻"。在过去半年时间内，车库咖啡已经促成 12 个创业团队获得天使投资。

车库咖啡的访客不仅有大量的创业者和投资人，还包括关注创新和创业的媒体记者。

车库咖啡的诞生也绝非偶然，这和我们都市内网络行业盛行、年轻人创业热情高涨有很大关系。

车库咖啡的创始人苏菂及 10 个股东都是投资行业人士。他们发现，平均每天处理 3~4 个项目已经属于高效率，很多时间浪费在了路上。随着互联网行业越来越热，创业者越来越多，办公场地也成为创业者的一个难题。此外，创业者与投资者之间也存在信息不对称问题——有没有一种方式，为创业者和投资者双方提供便利？ 2010 年 6 月，苏菂产生了"开放式办公环境"的想法。2011 年 4 月 7 日，在长达半年多的筹划后，车库咖啡正式营业了。现在已经有越来越多的团队预约入驻。车库咖啡占地 800 平方米，能容纳 150 人左右。它的定位不是咖啡厅，咖啡厅只是一种表现形式、一种计价标准，它的目的是使这里更有开放的感觉。

类似车库咖啡这样为创业者提供"开放式办公环境"的咖啡馆，还有位于北京建外 soho 的必帮咖啡。它们这种新颖的商业模式，可谓弥补了咖啡馆行业的空白，看来咖啡馆真的不只是"喝杯咖啡"这么简单，只要发挥我们无限的想象力，就可以实现我们无限的梦想！

附录二 中国特色咖啡馆一览表

以下排名不分先后，各类店铺凭借作者印象或由网友推荐。

序号	名称	省（自治区、直辖市）	地址	联系电话	关键字
1	很多人的咖啡馆	北京	北京市朝阳区育慧南路芍药居北里小区315号楼（中国现代文学馆对面）	15210322601	微创业 文艺
2	朵儿咖啡	北京	北京市西城区旧鼓楼大街国旺胡同3号	010-84045129	书吧 怀旧 文艺
3	红卡咖啡	北京	北京市朝阳区甜水西园23号楼23-1南铺	010-65996378	简约 商务 小资 专业
4	奇遇花园	北京	北京市西城区北展北街15号华远企业号D座底商	010-88320741	文艺 休闲 约会
5	伟大航路	北京	北京市朝阳区东大桥路8号SOHO尚都北塔4楼2461号	010-58690212	生活 电影 文艺
6	1968书吧	北京	北京市东城区东四八条59-1	010-84022120	杂货 旧货 手工 书吧
7	三棵树咖啡馆	北京	北京市东城区南锣鼓巷89号	010-84019868	文艺 怀旧 小资
8	北平咖啡	北京	北京市东城区南锣鼓巷113-2号（近中央戏剧学院）	010-84039198	小资 休闲 露天花园
9	红咖啡	北京	北京市东城区东四南大街礼士胡同161号	010-85118100	文艺 休闲 小资
10	巷陌咖啡	北京	北京市东城区东四四条78号	010-84035078	休闲 旅游 生活
11	校友记咖啡	北京	北京市中国人民大学校内游泳馆东侧 公共教学楼三后面	010-82509524	怀旧 聚会 交友 文艺风
12	Café Clark	北京	北京市朝阳区青年路华纺易城19-02号底商	010-58710501	日系 文艺 小资
13	3W互联网主题咖啡馆	北京	北京市海淀区善缘街1号立方庭大厦底商南侧	010-62555755	创业 创想 IT 达人
14	雕刻时光三联店	北京	北京市东城区美术馆东街22号三联韬奋图书中心2楼	010-84036986	怀旧 学院派 文艺 电影
15	鱼眼儿咖啡	北京	北京市三里屯Village南区S1-18	010-64172588	摄影 小资 时尚

续表

序号	名称	省（自治区、直辖市）	地址	联系电话	关键字
16	Cafe De Sofa	北京	北京市西城区银锭桥胡同12号（银锭桥南）	010-62032905	怀旧 文艺 小资
17	老唱片咖啡屋	北京	北京市鼓楼东大街206号	010-64070868	怀旧 小资 文艺
18	盒子咖啡馆	北京	北京市海淀区双清路西王庄小区5号楼	010-62791280	文艺 学院派 休闲
19	车库咖啡	北京	北京市海淀桥东南角昊海楼南30米鑫鼎宾馆2层	010-82627127	创业 聚会 创想
20	咖啡沙龙	北京	北京市西城区烟袋斜街1号	010-84026544	自家烘焙 休闲 怀旧
21	方寸咖啡	北京	北京市朝阳区东苇路9号万象新天商业街412-B2	010-65788033	小资 文艺 休闲
22	夏布洛尔咖啡	上海	上海市静安区南京西路1025弄93号1F	021-62531906	怀旧 古典 文艺 美食
23	老电影咖啡馆	上海	上海市虹口区多伦路123号（近四川北路）	021-56964763	怀旧 电影 文艺
24	明谦咖啡	上海	上海市卢湾区茂名南路205号瑞金大厦1号全幢1FB	021-33689579	小资 文艺 生活
25	LUNA女仆咖啡屋	上海	上海市淮海东路99号新尚数码广场三楼（地处人民广场）	021-33302027	动漫 美女 桌游
26	小花咖啡	上海	上海市徐汇区安福路25号（常熟路口）	021-54038247	精致 古典 品味
27	妈妈糖休闲咖啡馆	上海	上海市浦东新区青桐路199弄中芯花园23号	021-58950330	聚会 小资 乐队
28	糊涂家宠物咖啡馆	上海	上海市杨浦区国权路219号2、3楼（近四平路）	021-60521171	宠物 生活 简约 桌游
29	Nuevo 66 Coffee	上海	上海市卢湾区南昌路66号（近雁荡路）	021-53068611	精致 古典 品味 宠物
30	老麦咖啡馆	上海	上海市徐汇区桃江路25号甲（桃江路宝庆路路口，近衡山路）	021-64660753	手绘 设计 咖啡 鉴赏
31	咖啡颂	天津	天津市重庆道169号（近桂林路）	022-23392938	小资 怀旧 生活 休闲
32	时间灰烬	天津	天津市建国道101号百丽城堡底商	022-24460345	怀旧 复古 生活 休闲

续表

序号	名称	省（自治区、直辖市）	地址	联系电话	关键字
33	31CUPS COFFEE SHOP	天津	天津市常德道29号（近桂林路）	022-26663131	小资 文艺 休闲 猫宠
34	锦鲤咖啡	天津	天津市锦鲤家住诚基大厦2号楼2门1208	022-23154993	创业 聚会 创想
35	时间坐标	天津	天津市和平区南京路7号（解放南路口）	022-23398833	生活 小资 学院派
36	莫默咖啡馆	天津	天津市山西路152号山西路和长春道交口处	022-27300228	电影 小资 音乐
37	老友咖啡屋	天津	天津商业大学东门快速路桥对面	022-58112656	英语角 音乐 聚会
38	摩豆记忆	天津	天津市南开区宾水西道时代奥城商业广场A2-07号（水上东路口）	022-58387678	历史 怀旧 小资 猫宠
39	咖啡传奇	天津	天津市南开区白堤路南大商学院旁	022-87896000	咖啡 学院派 知性
40	矢量咖啡	重庆	重庆市沙坪坝区渝培路6号华厦银座2楼西西弗书店内	023-65466218	文艺 小资 情调
41	过往咖啡	重庆	重庆沙坪坝区汉渝路17号公交车站源丰宾馆旁	13637959694	咖啡精品 手工 电影
42	恩心小镇	重庆	重庆市沙坪坝区沙南街1号3楼（近南开中学大门）	023-65415595	文艺 小资 情调
43	小小庭院咖啡馆	重庆	重庆市渝北区尚品路天江鼎城博园商业街（近上品十六）	023-67968909	文艺 小资 露天
44	树麻雀咖啡	河北	石家庄市桥东区新休门小区	0311-86034519	聚会 年轻 聊天
45	碎花咖啡	河北	唐山市新华西道 新华步行街（唐人街）14-8	0315-2313464	小资 生活 文艺
46	美好时光	河北	唐山市兴隆庄4排2号	0315-2213393	演艺 聚会 生活
47	春田咖啡	河北	唐山市卫国路长江美食城对面兴隆庄二排九号	15102539538	聚会 文艺 生活
48	三楼上的猫	山东	济南市历下区山师东路中段秀装天地3楼（经十路口）	0531-82952289	文艺 慢生活 创意 杂货

续表

序号	名称	省（自治区、直辖市）	地址	联系电话	关键字
49	壹喜咖啡	山东	济南市泉乐坊303室	0531-83197993	自家烘焙 文艺 怀旧
50	那儿咖啡	山东	济南市历下区文化西路佛山苑小区一区9号楼	0531-86100307	怀旧 复古 生活 休闲
51	咖啡空间	山东	青岛市南区大学路14号（青岛美术馆对面）	0532-82868215	好咖啡 约会 小资 文艺
52	沙朴庭院	山东	青岛市市南区黄县路35号对面（黄县路石板街）	0532-82869793	小资 休闲 露天花园
53	CAFE KONA	山东	青岛市闽江二路（近泛海名人广场）	0532-85735300	舒适 生活 小资
54	玛雅咖啡馆	山西	太原市迎泽区云路街棉花巷（近崔家巷）	0351-4120708	舒适 生活 小资
55	倾听咖啡	山西	太原市体育南路与南中环十字街口，北美晶域蓝湾步行街	18734173481	舒适 生活 小资
56	八月咖啡馆	河南	郑州市中原区桃园路康桥华城国际中心9号楼17楼1718室（近大学路）	0371-86005780	文艺 生活 小资
57	灌溉生活	河南	郑州市二七区东太康路24号大上海城5楼C5-03号	0371-66213505	简约 轻商务 小资
58	怡时咖啡	河南	郑州市金水区花园路国贸360广场2楼南门（近丰产路）	0371-66280360	商务 简约 小资
59	微时光	安徽	合肥市包河区马鞍山路130号万达广场1号商住楼南侧底商（近迎屏巷）	0551-62879699	书吧 文艺 休闲
60	O2咖啡馆	安徽	合肥市包河区太湖路和徽州大道交叉口国华大厦105	0551-65128608	生活 文艺 休闲
61	咖啡书语	安徽	合肥市庐阳区濉溪路287号财富广场A座504室（近濉溪路）	0551-62262056	书吧 文艺 聚会
62	猫空咖啡	江苏	南京市文德路金浦广场步行街1-22	025-58186308	小资 文艺 书籍
63	啡舍咖啡馆	江苏	苏州十全街吴衙场巷25-1	0512-65230747	生活 文艺 小资

续表

序号	名称	省（自治区、直辖市）	地址	联系电话	关键字
64	16号庄园	江苏	苏州平江区平江路178号	0512-67557145	生活 文艺 小资
65	老书虫	江苏	苏州市沧浪区十全街滚绣坊77号（乌鹊桥路口）	0512-65264720	读书 文艺 学院派
66	Solo 咖啡馆	江苏	苏州沧浪区带城桥下塘1号（十全街苏州饭店对面过桥）	0512-65720696	烘焙咖啡 安静 休闲
67	抽屉 咖啡馆	江苏	苏州市平江区平江路208号	18914016101	家居 饰品 生活
68	I Lost Cafounge	江苏	苏州市沧浪区十全街852号（近乌鹊桥）	0512-65165482	怀旧 生活 文艺
69	贝塔咖啡	浙江	杭州市西湖区通普路41号	0571-88083929	创业 聚会 创想
70	太太客厅	浙江	杭州市下城区建国北路581号（近宝善宾馆）	0571-88239080	小资 女性 聚会
71	坚果咖啡	浙江	杭州市西湖区保俶路150号如家酒店2楼	0571-56709551	文艺 生活 小资
72	那个年代咖啡 印象厅	浙江	杭州市下城区武林路桃花河弄46号	0571-87033123	怀旧 小资 生活
73	朗德玛丽	浙江	杭州市拱墅区丽水路166号（杭州丝联166创意园区6F）	0571-80257171	品味 小资 生活
74	荒岛 图书馆	浙江	杭州市滨江区白金海岸香溢路127号	0571-87079719	品味 小资 生活
75	咖啡枕头	浙江	杭州市上城区高银街123号东太平巷3号	0571-85158000	怀旧 小资 宠物
76	半瓶子陶艺咖啡	浙江	杭州市西湖区八卦田白云路南观音洞23号	0571-87794178	陶艺 美食 复古 小资
77	A TO Z Cafe	浙江	杭州市西湖区环城西路66号	0571-85175182	简约 小资 美食
78	帕尼尼 PANINI	浙江	杭州市西湖区西溪路418号（浙大玉泉校区北门）	0571-85158353	书籍 学院派 小资 美食
79	甘蓝 咖啡馆	浙江	杭州市滨江区江南大道3672-30号通策广场（潮人汇）	0571-81636083	素雅 田园 文艺

序号	名称	省（自治区、直辖市）	地址	联系电话	关键字
80	红狐咖舍咖啡	浙江	杭州市下城区屏风街41号（百井坊巷延伸段）	0571-87996141	文艺 小资 生活
81	Lotus Café	浙江	杭州市西湖区浙大路41号	0571-86433356	文艺 简约 小资
82	Kitty in café	浙江	杭州市下城区武林路桃花河弄5号（武林药房对面）	0571-85163046	主题 时尚 动漫
83	蜜桃咖啡	浙江	杭州市拱墅区金华路锦昌文华苑69号对面（登云桥交叉口南100米）	0571-88019967	文艺 聚会 小资
84	站台咖啡	浙江	杭州市西湖区竞舟路22号山水人家潇湘居101号	0571-87775993	古朴 怀旧 典雅
85	花园西村·西咖啡	浙江	杭州市西湖区文二路290号（花园西村站台旁）	0571-88812185	旧时光 学院派 简约
86	柔软时光	浙江	杭州市拱墅区湖墅北路149-12号（小河支路）	0571-88089695	怀旧 古典 文艺
87	写意时光	浙江	杭州市西湖区学院路135号（文二路学院路路口，天目琴行二楼）	0571-88857977	学院派 小资 文艺
88	寒烟咖啡	浙江	杭州市劳动路128号 涌金饭店对面	0571-81606978	复古 怀旧 小资
89	Cafe Lumiere	浙江	宁波市江北区中马路163号	0574-87388500	日系 文艺 小资
90	柔木咖啡	浙江	宁波市海曙区鼓楼尚书街95号（近孝闻街）	0574-87450833	生活 文艺 小资
91	Lavida Cafe	浙江	宁波市江东区中山东路1140号	0574-87937780	复古 小资 生活
92	晰派咖啡馆	浙江	宁波市江东区桑田路867号	0574-87478562	艺术 文艺 小资
93	普拉舍咖啡与茶	浙江	宁波市江北区新马路北岸财富中心7号楼92号	0574-87620226	聚会 小资 时尚
94	如果爱	广东	广州市海珠区江南大道中穗花新村一巷104铺（近地铁江南西站C出口）	020-84416207	自由 电影 摄影

续表

序号	名称	省（自治区、直辖市）	地址	联系电话	关键字
95	木马32号	广东	广州市海珠区怡乐路金禧街32号（近中国工商银行怡乐路支行）	020-34112586	文艺 复古 生活
96	菜园西街十号	广东	广州市越秀区中山二路菜园西10号（近东山口）	020-87338515	文艺 慢递 生活
97	香园咖啡	广东	广州市天河区五山街五山路483号华南农业大学内（近地铁五山站）	020-85285656	学院派 文艺 小资
98	慢板生活	广东	清远市阳山县北门路富百氏大厦	0763-7881115	田园 生活 休闲 品味
99	画影咖啡	广东	东莞市东城区愉景步行街星巴克右侧小巷进入50米	13414237979	艺术 摄影 绘画 文艺
100	慢生活咖啡馆	广东	东莞市东城区城东路229号星河传说旗峰天下商业步行街43号铺	0769-27232755	简约 音乐 聚会
101	驴吧咖啡馆	深圳	深圳市南山区华侨城创意文化园香山东街5号EA（近侨城青年旅舍）	0755-21537600	田园 旅游 文艺
102	豆舞咖啡	深圳	深圳市宝安区龙华街道人民北路锦绣江南1期160号	0755-28117099	精品烘焙 小资 休闲
103	墨啡	福建	福州市鼓楼区芍园壹号文化创意园3#A1层104	0591-83410087	书吧 文艺 休闲
104	本咖啡	福建	福清市成龙步行街2号楼2楼	0591-28383099	清新 简约 小资
105	老塞行动咖啡	厦门	厦门市思明区莲前东路129号加州商业广场（近麦当劳）	0592-5802910	简约 时尚 小资
106	猫墅咖啡	厦门	厦门市思明区厦禾路296号香港广场121铺（近思明北路）	0592-2136000	猫宠 文艺 休闲
107	柏拉图咖啡	厦门	厦门市美仁路亿力音乐花园对面	0592-2207161	专业 小资 咖啡拉花
108	蜗时光	厦门	厦门市厦禾路296号香港广场162店面	0592-2032063	慢生活 休闲 文艺
109	十二橡树	湖南	长沙市近郊星沙三区37栋（近天成大酒店）	0731-84017268	田园 文艺 休闲

续表

序号	名称	省（自治区、直辖市）	地址	联系电话	关键字
110	Page 1 咖啡馆	湖南	长沙市雨花区曙光北路66号（近凯瑞大酒店）	0731-8468227	文艺 小资 花店
111	融园 咖啡馆	湖北	武汉市武昌区昙华林68号	027-51810188	怀旧 小资 古典 露天
112	soul house咖啡	湖北	武汉市武昌区积玉桥西城壕167号	13971602946	怀旧 音乐 聚会 文艺
113	参差花房咖啡	湖北	武汉市江汉区建设大道西北湖广场沿湖畔附近	027-82780065	小资 猫宠 休闲 好咖啡
114	爪哇空气	湖北	武汉市江岸区天津路 7 号	027-82811233	田园 文艺 休闲
115	63号庄园	湖北	武汉市长春街63号	027-82635563	精品咖啡 专业 休闲
116	盒子咖啡	湖北	武汉市江岸区云林街16号（台北二路口）	13886106299	文艺 休闲 品味
117	安柯娜 咖啡	湖北	湖北省武汉市武昌区积玉桥友谊国际7-14	027-88398539	自家烘焙 咖啡 下午茶
118	左岸艺文	江西	南昌市东湖区胜利路步行街70号时代广场1楼307号	0791-86771923	手绘 典雅 小资
119	我们的 咖啡馆	江西	南昌市东湖区广场南路385号恒茂华城时尚路（近大润发超市）	0791-86276886	文艺 小资 休闲
120	回声书吧	辽宁	大连市中山区港湾街1号15库2楼（近东方9度）	0411-82622862	海景 文艺 休闲
121	Cafe Copenhagen	辽宁	大连市中山区天津街111号修竹大厦1楼（近修竹街）	0411-82693339	品味 商务 小资
122	七月咖啡	辽宁	鞍山市铁东区南中华路111号（近鞍钢花园）	0412-8833111	田园 文艺 休闲
123	等待咖啡	黑龙江	哈尔滨市南岗区学府路74号黑龙江大学家属区25号楼（服装城对面）	13946058521	书吧 文艺 怀旧
124	壹月 咖啡馆	黑龙江	哈尔滨市道里区红霞街87号（近红星广场）	0451-84684642	文艺 怀旧 小资

续表

序号	名称	省（自治区、直辖市）	地址	联系电话	关键字
125	后窗咖啡	黑龙江	哈尔滨市南岗区黑龙江大学正门蓝色游泳馆后家属区（体育馆侧）	0451-86609948	文艺 怀旧 小资
126	银杏树咖啡	吉林	长春市牡丹街与西康胡同交汇	0431-85662297	创业 聚会 创想
127	光阴咖啡馆	吉林	长春市新疆街西康胡同交汇1375号（白墙蓝门）	0431-85654519	怀旧 文艺 生活
128	掌印咖啡	甘肃	兰州市城关区金昌南路	0931-8474161	怀旧 文艺 生活
129	放下咖啡	甘肃	兰州市城关区正宁路309号（正宁路市场对面）	13993117146	怀旧 文艺 生活
130	时光盒子咖啡	甘肃	敦煌市风情城7号楼7113A（近沙洲夜市）	0937-8858916	怀旧 异域风情
131	婕妮花咖啡馆	陕西	西安市长安区长安街盛世商都2楼A213室（近西北工业大学）	029-85280804	创意 阅读 咖啡 美食
132	时光咖啡	陕西	西安市碑林区德福巷13号	029-87233955	怀旧 文艺 小资
133	明园咖啡	广西	桂林市阳朔滨江路14号	13457369680	自家烘焙 田园 休闲
134	朵朵家咖啡馆	四川	成都市青羊区中同仁路小通巷12号（近长顺中街栅子街）	028-86262508	文艺 复古 生活
135	云上咖啡	四川	成都市锦江区锦兴路1号雕墅大厦112号商铺（近大业路）	028-66066867	时尚 文艺 小资
136	3号咖啡馆	四川	成都市科华北路141号四川大学出版社一楼后院	028-85401537	怀旧 文艺 小资
137	壹·家咖啡	贵州	贵阳市都司路纽约/纽约大厦11楼42号	0851-5862937	生活 文艺 音乐
138	麦田咖啡	贵州	贵阳市云岩区省府路贵山苑（近凯里酸汤鱼）	0851-5876588	生活 文艺 小资
139	萨尔瓦多	云南	昆明市五华区文林街文化巷76号	0871-5363525	聚会 小资 古典

序号	名称	省（自治区、直辖市）	地址	联系电话	关键字
140	源本清茶	云南	昆明市五华区沿河路7号顺城王府井南门外1楼（民德中学斜对面）	0871-3644531	古典 怀旧 小资
141	风转咖啡	西藏	拉萨市北京东路虹桥宾馆对面，近青年北路	0891-6361163	民族风 聚会 聊天
142	绘所	西藏	拉萨市城关区八廓北街冲赛康扎康3楼 近大昭寺	0891-6345987	民族风 聚会 复古
143	古林坊	青海	西宁市城东区夏都大道	0971-8202710	古朴 怀旧 文艺
144	卡法森林	青海	西宁青年巷3号(巷子中段路东侧)	0971-6288123	怀旧 文艺 小资
145	时光故事	内蒙古	呼市回民区中山西路1号海亮广场C座1408室	0471-5167254	年轻 聚会 聊天
146	洛丽塔咖啡	宁夏	银川市金凤区民生新天地11-9号	0951-6048216	小资 文艺 休闲
147	邂逅咖啡	内蒙古	呼和浩特大学西路（学府康都西侧）	0471-6678538	小资 文艺
148	时光简影	内蒙古	呼和浩特赛罕区大学西路学府康都北门对面（近人民路）	0471-6937399	书吧 小资 露天
149	慕乐咖啡	海南省	海口市上邦百汇城二栋二楼22-27号	0898-68573331	自家烘焙 小资 休闲
150	福山咖啡	海南省	海口市龙华区南沙路59号瑞丰公寓1楼	0898-66811055	自家烘焙 小资 休闲

后记

　　截止于此，本书所有的思想已经阐述完毕，或许你已经对咖啡馆的经营有所了解，也或许你还仍然感到"意犹未尽"，没关系，我的建议是多去现实中的参照物中寻找答案，多去巡访经营有特色的、经营业绩良好的咖啡馆，多观察，多思考，这样就能获得无限的收获，而这些收获绝非"大师"、"前辈"所能给予的。记得不久前，有网友问：我想投资一家餐厅，想请教前辈一些意见，能否指点迷津。我同样告诉他：最好的学习开咖啡馆的办法，就是去泡咖啡馆！在泡咖啡馆的过程中多多思考，多多感触其中的"好"、"坏"奥妙。我说学习《道德经》的最好办法不是直接去问老子，而是去多抄写几遍《道德经》，多读几遍，多体会几遍，遇到不懂之处再让老师稍加指点，这样才能事半功倍，否则，一上来就去问"前辈"、"大师"，很容易误入歧途。

　　书中理论及观点，大多是自己以往工作的感悟和总结，很难说十分专业，不过、作为你咖啡馆投资前的参考是够用了，文笔还有些许粗糙之处，或许大多数"处女作"都是如此吧。

　　书中引用的案例及图片部分是自己网络搜索所得，部分是自己去各个咖啡馆实际体验而得，如今成书，难免有"侵权"嫌疑，所幸自己并无恶意，也无心自毁前程，在此，再次谢过所有曾经在自己成长道路上施以援手的朋友们、

老师们、前辈们，感谢书中罗列图片的咖啡品牌及店铺。

感谢上岛咖啡、迪欧咖啡、名典咖啡语茶、红卡咖啡、雕刻时光咖啡馆、很多人的咖啡馆、星巴克咖啡、咖世家、伟大航道咖啡、鱼眼咖啡、耶仕咖啡、百怡咖啡、3W咖啡等咖啡馆的现场图片，感谢通过网络搜索而找来的无法联系版权的图片的编辑者，谢谢你们的支持。